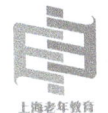

上海市老年教育普及教材
上海市学习型社会建设与终身教育促进委员会办公室

瓷绘工艺
肖像画技法

Cihui Gongyi

Xiaoxianghua Jifa

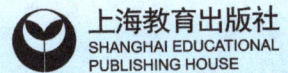

上海教育出版社
SHANGHAI EDUCATIONAL PUBLISHING HOUSE

上海市老年教育普及教材编写委员会

顾　　问：袁　雯
主　　任：李骏修
副 主 任：俞恭庆　刘煜海　庄　俭　陈跃斌
委　　员：夏　瑛　符湘林　王莳骏　李学红
　　　　　沈　韬　曹　珺　吴　强　熊仿杰
　　　　　阮兴树　郭伯农　包南麟　朱明德
　　　　　李亦中　张主方

本书编写组

文字撰写： 李瑞昌
绘　　图： 钟映华　赵雪芳　宋淑娟　李瑞昌
摄　　影： 章　坚
电脑处理： 赵志嘉　唐建琼

丛书策划

朱岳桢　杜道灿

前　言

根据上海市老年教育"十二五规划"提出的实施"个、十、百、千、万"发展计划中"编写100本老年教育教材，丰富老年学习资源，建设一批适合老年学习者需求的教材和课程"的要求，在上海市学习型社会建设与终身教育促进委员会办公室、上海市老年教育工作小组办公室和上海市教委终身教育处的指导下，由上海市老年教育教材研发中心会同有关老年教育单位和专家共同研发的"上海市老年教育普及教材"，共100本正式出版了。

此次出版"上海市老年教育普及教材"的宗旨是编写一批能体现上海水平的、具有一定规范性及示范性的老年教材；建设一批可供老年学校选用的教学资源；完成一批满足老年人不同层次需求的、适合老年人学习的、为老年人服务的快乐学习读本。

"上海市老年教育普及教材"的定位主要是面向街（镇）及以下老年学校，适当兼顾市、区老年大学的教学需求，力求普及与提高相结合，以普及为主；通用性与专门化相兼顾，以通用性为主。编写市级普及教材主要用于改善街镇、居村委老年学校缺少适宜教材的实际状况。

"上海市老年教育普及教材"在内容和体例上尽量根据老年人学习的特点进行编排，在知识内容融炼的前提下，强调基础、实用、前沿；语言简明扼要、通俗易懂，使老年学员看得懂、学得会、用得上。教材分为三个大类：做身心健康的老年人；做幸福和谐的老年人；做时尚能干的老年人。每个大类包含若干教材系列，如"老年人万一系列""中医与养生系列""孙辈亲子系列""老年人心灵手巧系列""老年人玩转信息技术系列"等。

"上海市老年教育普及教材"在表现形式上，充分利用现代信息技术和多媒体教学手段，倡导多元化教与学的方式，创新"纸质书、电子书、计算机网上课堂和无线终端移动课堂"四位一体的老年教育资源。在已经开通的"上海老年教育"App上，老年人可以免费下载所有教材的电子版，免费浏览所有多媒体课件；上海老年教育官方微信公众号"指尖上的老年学习"也已正式运营，并将在2015年年底推出"老年微学课堂"，届时我们的老年朋友可以在微信上"看书""听书""学课件"。

"上海市老年教育普及教材"编写工作还处于起步阶段，希望各级老年学校、老年学员和广大读者提出宝贵意见。

上海市老年教育普及教材编写委员会
2015年6月

目　录

第 一 讲　认识瓷绘和画前准备…………………………………… 1

黑白肖像画的瓷绘技法

第 二 讲　黑白肖像画的瓷绘步骤一：准备工作……………… 17
第 三 讲　黑白肖像画的瓷绘步骤二：放样和勾轮廓………… 22
第 四 讲　黑白肖像画的瓷绘步骤三：明暗处理……………… 27
第 五 讲　黑白肖像画的瓷绘步骤四：服饰及背景处理……… 32

初级彩色肖像画的瓷绘技法

第 六 讲　初级彩色肖像画的瓷绘步骤一：放样和勾轮廓…… 36
第 七 讲　初级彩色肖像画的瓷绘步骤二：明暗处理………… 41
第 八 讲　初级彩色肖像画的瓷绘步骤三：完成黑白肖像…… 46

第 九 讲　初级彩色肖像画的瓷绘步骤四：彩色处理………… 50

高级彩色肖像画的瓷绘技法

第 十 讲　高级彩色肖像画的瓷绘案例《玉玉》肖像步骤一：

　　　　　放样和勾轮廓………………………………………… 55

第十一讲　高级彩色肖像画的瓷绘案例《玉玉》肖像步骤二：

　　　　　脸部彩底………………………………………………… 60

第十二讲　高级彩色肖像画的瓷绘案例《玉玉》肖像步骤三：

　　　　　彩色处理………………………………………………… 64

第十三讲　高级彩色肖像画的瓷绘案例《泮泮》肖像步骤一：

　　　　　放样和勾轮廓………………………………………… 70

第十四讲　高级彩色肖像画的瓷绘案例《泮泮》肖像步骤二：

　　　　　脸部彩底………………………………………………… 76

第十五讲　高级彩色肖像画的瓷绘案例《泮泮》肖像步骤三：

　　　　　颈部、服饰彩底……………………………………… 81

第十六讲　高级彩色肖像画的瓷绘案例《泮泮》肖像步骤四：

　　　　　修像………………………………………………………… 85

图例……………………………………………………………………… 89

参考文献………………………………………………………………… 94

第一讲　认识瓷绘和画前准备

许多晶莹剔透的瓷器上面往往绘有精美绝伦的瓷画，瓷与画交相辉映，使人爱不释手。老年朋友们，当您得知自己也可以在瓷器上作画时一定很惊讶，可又担心瓷绘太"难"，怎么可能学会？答案是：不会画画的、从不画画的人，只要喜欢都可以学会瓷绘，都可以画出十分漂亮的瓷绘作品。条件只有一个——耐心和细心，下面就从"认识瓷绘"开始学习瓷绘吧。

一、认识瓷绘

瓷绘，又称"瓷画"，是在瓷器或陶器表面用颜料绘画。是陶瓷器皿主要的装饰形式之一。

（一）瓷绘的种类

1. 釉上彩

在成型瓷器的表面上作画，并用800℃低温烧成的称釉上彩。

釉上彩分为古彩、粉彩、新彩三大类。

古彩：原称"五彩""硬彩"，始于明代，清雍正年间粉彩成熟后也改称古彩。

粉彩：始于清康熙年间，又叫软彩，包括珐琅彩、广彩。

新彩：晚清时由国外进口，称洋彩，20世纪50年代，我国开始自己生产洋彩颜料后，改称新彩。

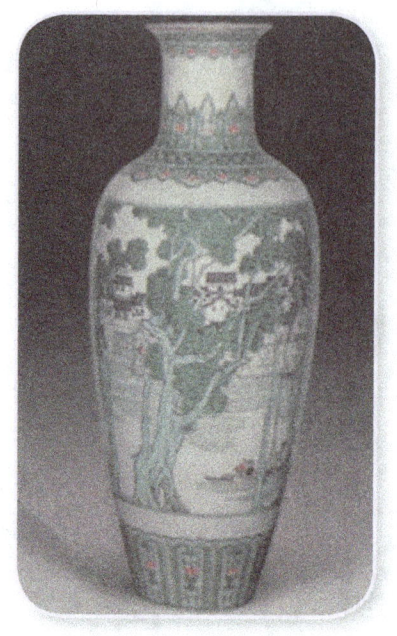

图 1-1 古彩

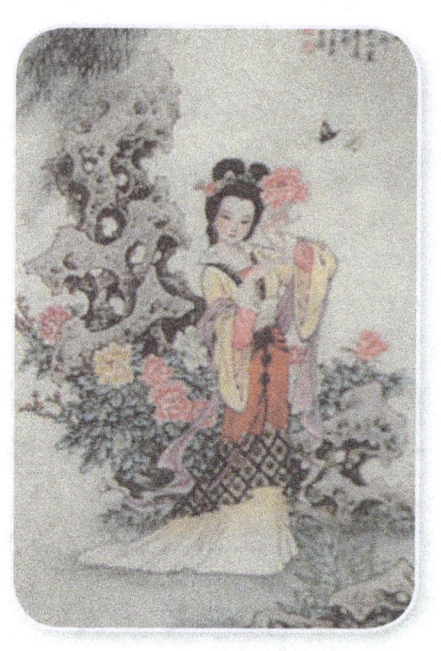

图 1-2 粉彩

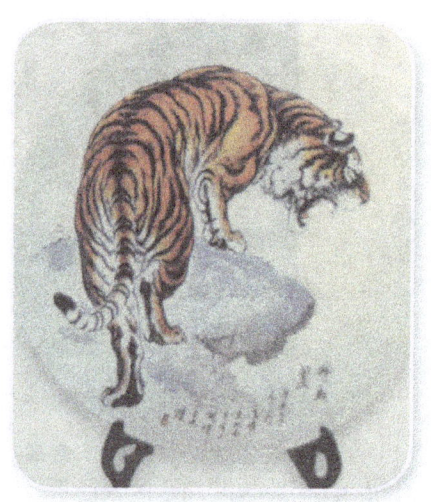

图 1-3 新彩

2. 釉下彩

在土坯阴干后先作画，再施釉，后用 1300℃高温一次成型的称釉下彩。

3. 釉中彩

从釉下彩发展而来,先在阴干的土坯上施部分釉,干后作画,再施釉,再以高温烧成。

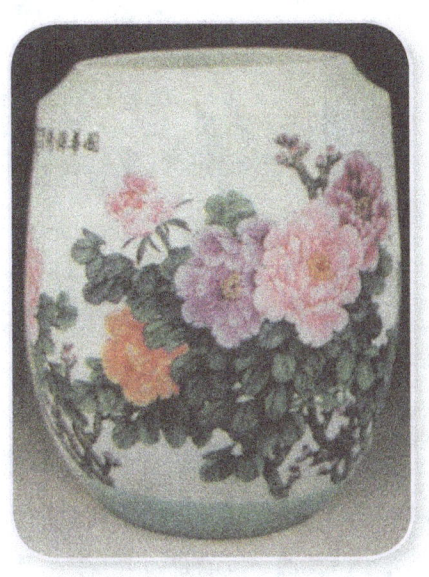

图 1-4 釉上彩

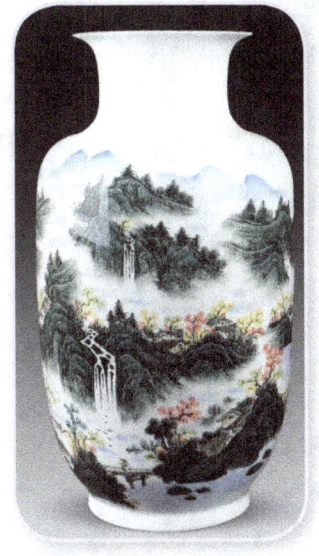

图 1-5 釉下彩

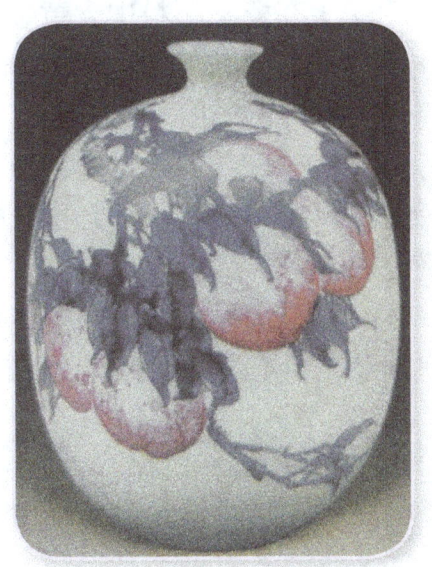

图 1-6 釉中彩

（二）瓷绘的优越性和特殊性

1. 优越性

（1）特别适合初学者学习，画坏了可擦、可改，直到满意为止。

（2）瓷绘作品便于保存、携带，作品长期存放不变色、不发霉，还可以清洗，并可以作为传代家珍。

（3）瓷绘作品绘制过程工艺性强，许多视觉效果靠"做"出来，增加了趣味性，作品完成后有较强的成就感，制作者会觉得愉悦、舒畅、自得其乐。

（4）瓷绘作品作为自制礼品备受欢迎，而且品位较高，典雅脱俗。

2. 特殊性

（1）瓷用颜料的色相命名上同其他画种的颜料叫法不同，如甲赤、西赤、小豆茶、皮色、海碧蓝等，这需要逐步熟悉它、认识它。

（2）瓷用颜料是粉剂，需要乳香油将颜料粉调成固体块状，再用樟脑油稀释后才可作画。而画好的作品又必须经过800℃左右的温度焙烧，才能烧制成为一件有光泽的瓷画工艺品。

（3）在瓷画颜料中含黄金的颜料焙烧以后会变色。

黄颜色同其他颜色（主要是红颜色系）调配时，焙烧后会把红颜色"吃"掉的概率较高。

颜料中多数颜色是高温颜料，要烧到800℃左右，而少数几个颜色如硒红、代赭、深黄等只能烧到730℃～740℃，否则颜色全跑了。

在绘画习惯上，一定要养成笔蘸了樟脑油后直接在颜料上舔的习惯，绝不可在油瓶口上舔笔，否则油脏了直接影响画面质量。

二、画前准备

在瓷上作画前应该做哪些准备工作呢？

(一)准备瓷绘的材料

1. 颜料

瓷绘的颜料系矿物颜料,经高温处理加工成粉状,颜料色相品种多达二三十种,可相互调配使用。

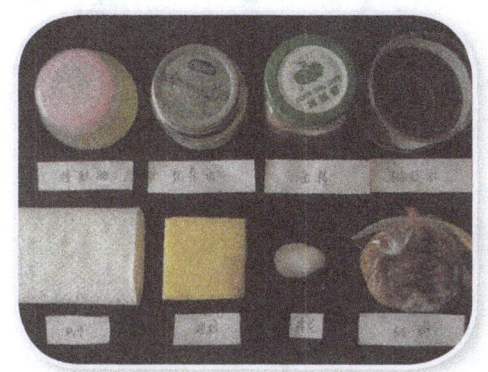

图 1-7　瓷绘用材料　　　　图 1-8　新彩颜料

2. 颜料的调制

把常用的颜色,如:深黑、西赤、甲赤、小豆茶、洋红、深绿、暗绿、川绿、深蓝、天青、浓黄等调好待用。

具体调制过程如下:将适量颜料粉放在玻璃板上(或白瓷色板),中间扒个凹穴,倒入少许乳香油(几滴),然后用调料刀将颜料粉和油拌匀,一面拌,一面用力研,最后调到颜料成块,而且不粘手为宜。

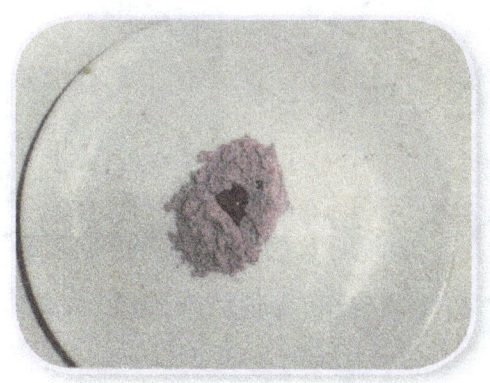

图 1-9　在颜料粉中加适量乳香油

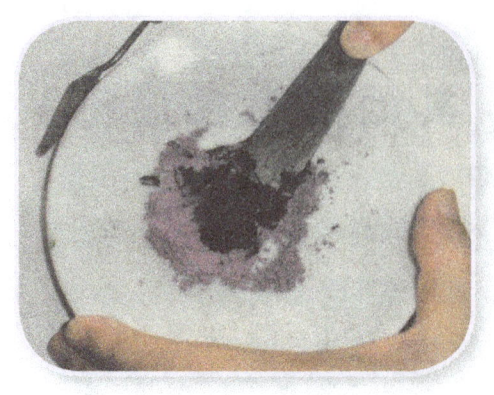 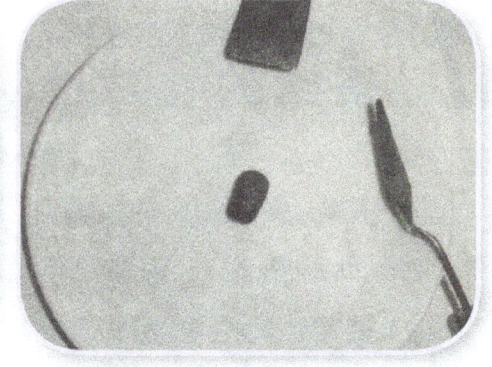

图 1-10　将颜料和油调匀　　　图 1-11　调成块状的颜料

3. 调色剂

乳香油：调颜料粉用，具有干得慢、光泽亮的特点。

樟脑油：稀释调好的颜料用。

酒精：浓度为95%的医用酒精（乙醇），洗笔、处理画面及特殊效果用。

桃胶：调水料时必须加桃胶，增加附着力，颜色干得快。

4. 画材：各类瓷器

各式瓷盆、瓷砖、瓷板及其他陶瓷器皿：画瓷画用。

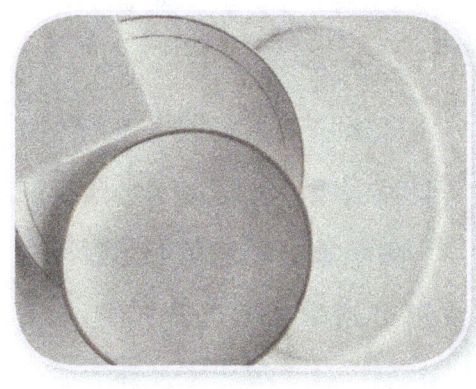 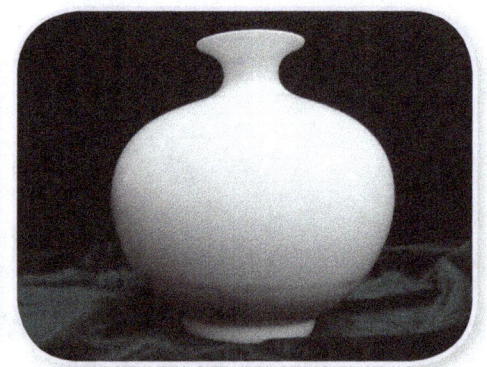

图 1-12　瓷板　　　　　　　图 1-13　瓷瓶

5. 其他材料

棉签、药棉、卷筒纸、海绵：擦拭及处理效果用。

(二)准备瓷绘的工具

1. 笔

瓷画笔:专门用于画线描的笔。

着色笔(填色笔):油料适宜用狼毫笔或兼毫(料湿也可以用羊毫笔),水料可用羊毫笔。

彩笔:处理细腻的色彩变化、过渡时用,用时须把笔头扎紧,一般在人物面部着色时用。

刮笔:用来处理已干的线条刮细、刮光,可用铁笔或其他金属尖状物代替。

海绵笔:处理明暗渐变、色彩过渡和大面积色彩匀平用。

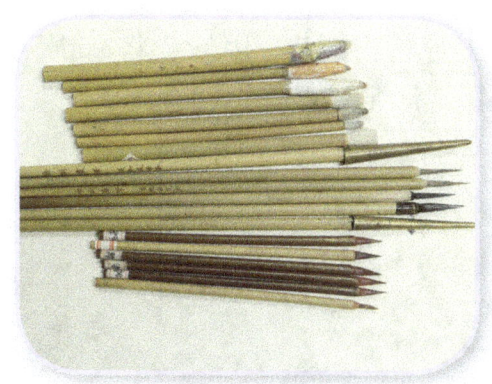
图 1-14　画笔

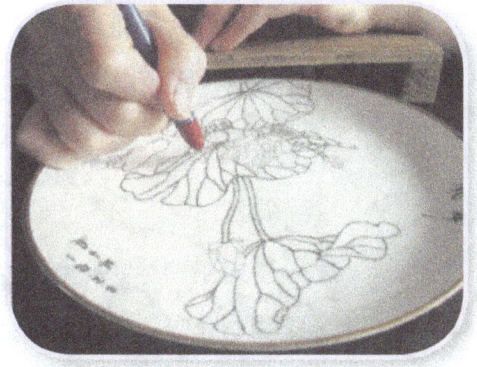
图 1-15　枕手

2. 其他工具

纸刮:画的线条及色彩需及时修正时用。

料盒:盛放调好的颜料用,着色时又可作调色盘用。

拌料刀:调整油料颜色用,可使用油灰刀及油画刀。

枕手:作画时用以枕着手腕用,确保画线描时手不抖。

研钵:调水料时研磨颜色粉用。

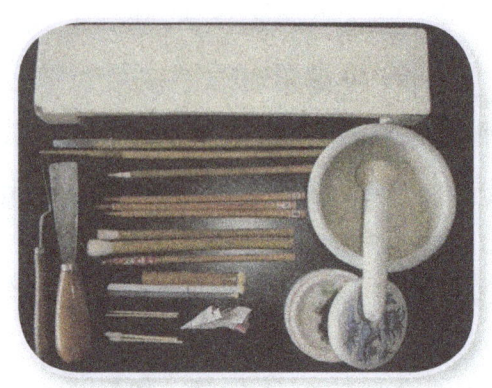

图1-16　其他工具

3. 自制工具

（1）制作海绵笔

用适当厚的海绵一块，略大于管状物圆口，用针尖将海绵四周塞入管孔内，使其呈半球形即可。海绵笔要有弹性，不可太紧，否则影响使用效果。

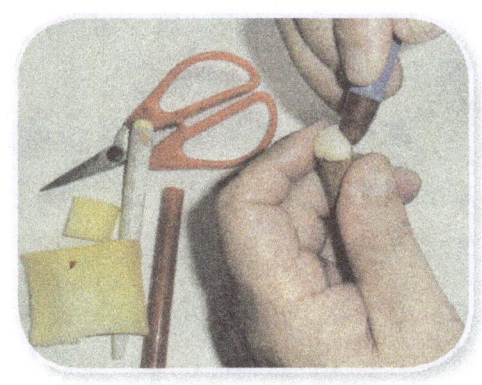　　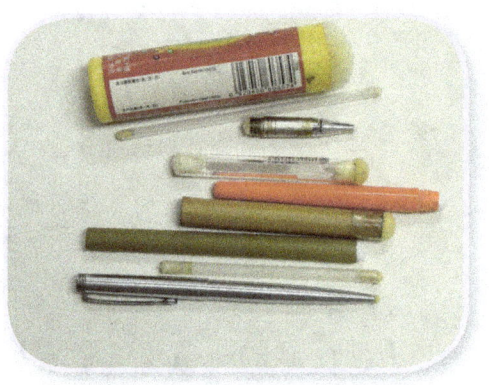

图1-17　用尖状物把海绵塞入管孔内　　图1-18　塞好的海绵笔

（2）制作彩笔

彩笔头由纯羊毛制成。剪一条三四十厘米长、宽一厘米左右的较硬且有韧性的广告纸，从笔杆开始向笔尖螺旋形包扎，笔头留出2~3毫米时返回，再从头向杆包扎直至纸条用完，笔头扎紧为止，再用玻璃胶纸粘贴固定即可。

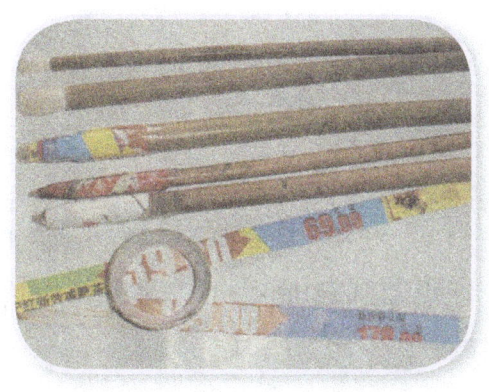

图 1-19　准备好包扎用纸条、胶水纸

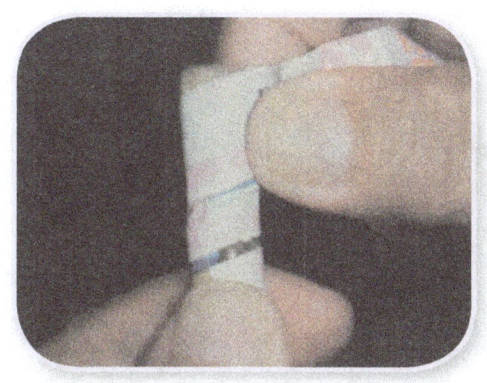

图 1-20　呈螺旋形方式包扎

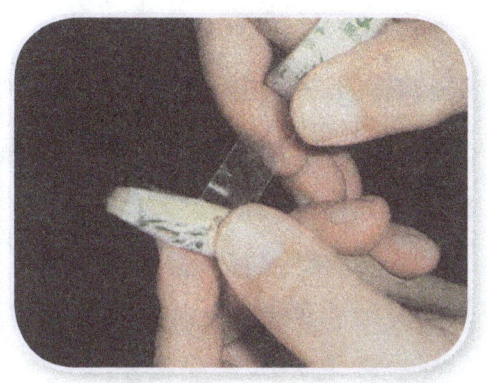

图 1-21　最后用玻璃胶纸固定

（3）制作纸刮

用废旧报纸裁成 64 开大小的纸，先一折四（四层），再在长方形封口一边中点将四层折成三等分有一定硬度的锐角三角形纸刮。

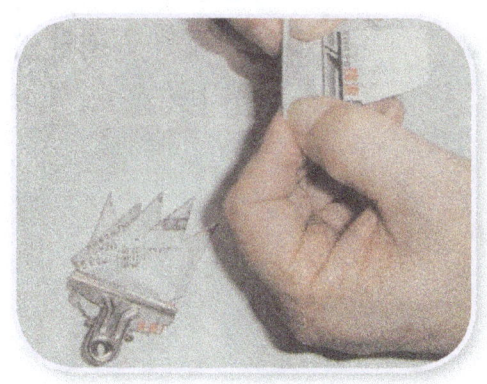

图 1-22　折纸刮

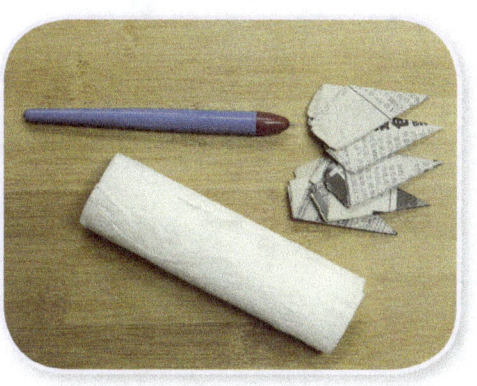

图 1-23　完成的纸刮

三、瓷绘艺术技法要点

（一）拓印法

1. 确定画稿样片

选择一幅自己喜爱的画稿样，按自己所画材料的规格复印、缩放到同样大小。若是画在圆盘中，则要将图纸剪成圆形，并在圆圈上剪开几个口子。

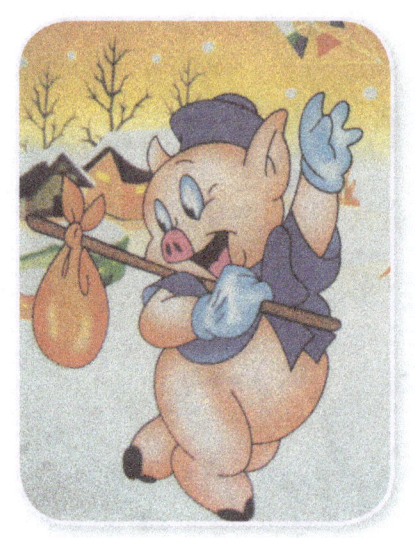

图 1-24　教材图稿

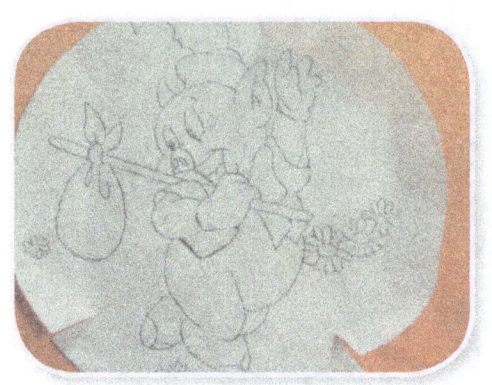

图 1-25　纸稿

2. 上油

在要作画的瓷盘上，先用棉球或餐巾纸蘸点樟脑油（把油挤干），在瓷盘表面薄薄地涂抹上一层油，待干。其作用是让铅笔线能画在瓷盘表面上。

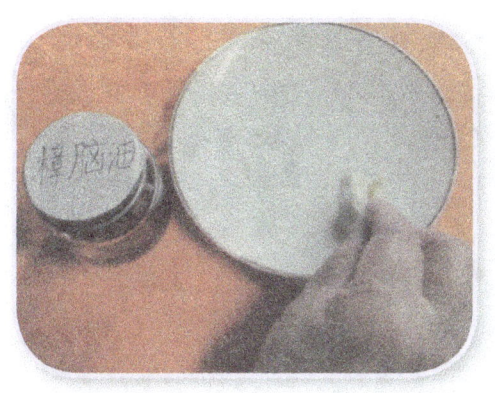

图 1-26　在瓷盘上揩一层油

3. 涂灰

将已定好的画稿反面，用 1B 或 2B 的铅笔均匀地涂上一层铅笔灰，然后用玻璃胶纸固定在瓷盘表面。

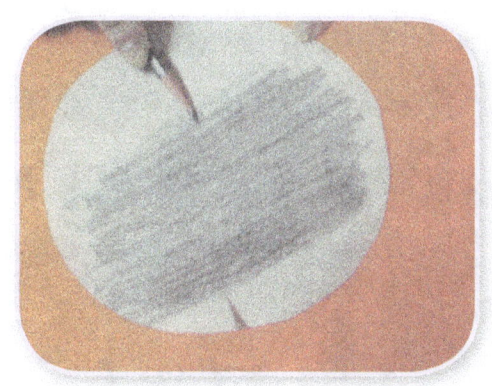

图 1-27　在图纸背面涂铅笔灰

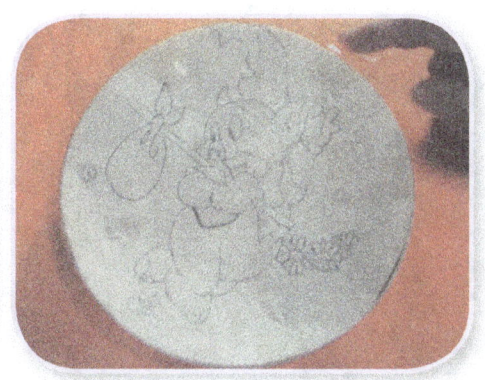

图 1-28　固定图纸

4. 描线

用 1H 或 2H 铅笔（红色圆珠笔更好）依次将画稿线条细致、耐心地描一遍。这样，拿掉图纸后，瓷盘上就留下了一个清晰的铅笔轮廓线。

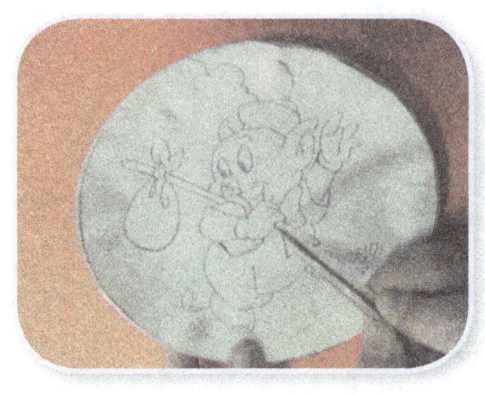 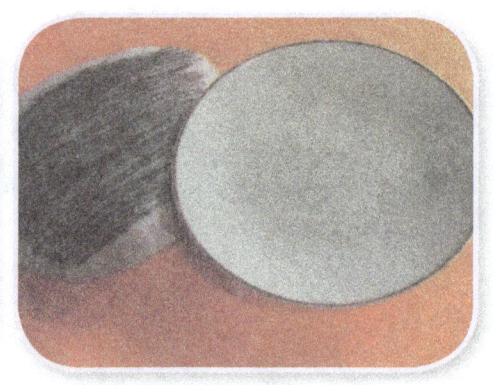

图 1-29　细心地描出轮廓　　图 1-30　在瓷盆上描好的铅笔轮廓

5. 勾线

在铅笔轮廓线上用黑色（瓷用颜料）先勾线。皮肤线条宜淡而细，衣服线条则可粗且深一些，这样可以使画面线条有变化而且生动。

勾线需要耐心和细心。如果线条要画得直、光，还需要下些工夫多练习。

线条画好了，不能马上上色，需要等它干透。

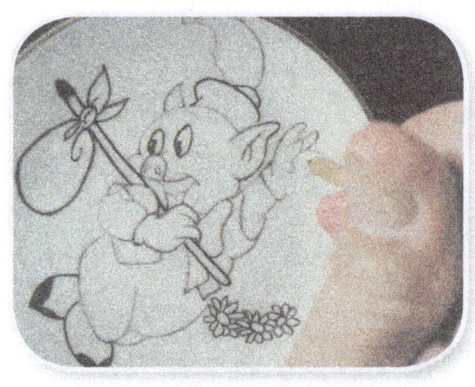 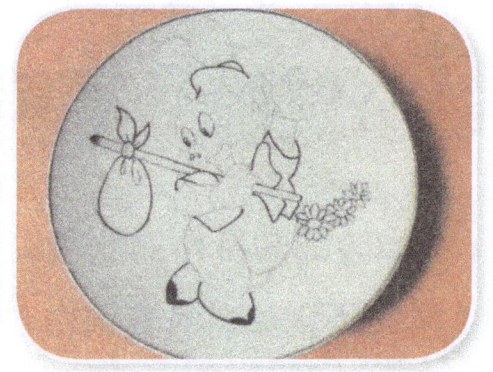

图 1-31　用瓷用颜料勾线　　图 1-32　描好的铅笔轮廓

(二) 着色方法

1. 明暗过渡（深淡过渡）

如脸部和身体的肤色，先在较深的地方涂上西赤、然后用海绵笔将西赤轻轻地点甙,从深到淡直到白色。

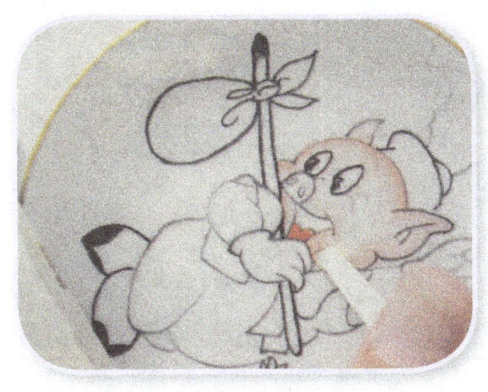 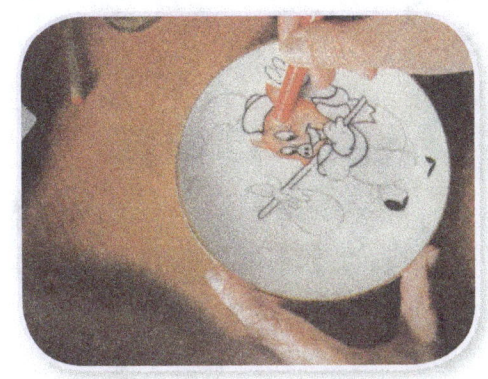

图 1-33　先用西赤点涂在脸部　　图 1-34　用海绵笔将色彩过渡到白色

2. 平涂

用平涂法着色时,有两种情况可以涂得平且没有笔触痕迹,一是把颜色舔到饱和状态,即最深;一是把颜色调得很淡。如果出现笔触,则可用海绵笔轻轻地把它揿平。

上衣和帽用深色平涂,衣服内衬用天青色,太阳用西赤较深平涂,云彩用天青色逐步过渡到白色。

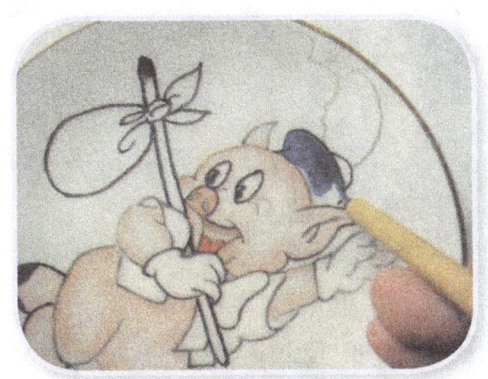

图 1-35　平涂色彩

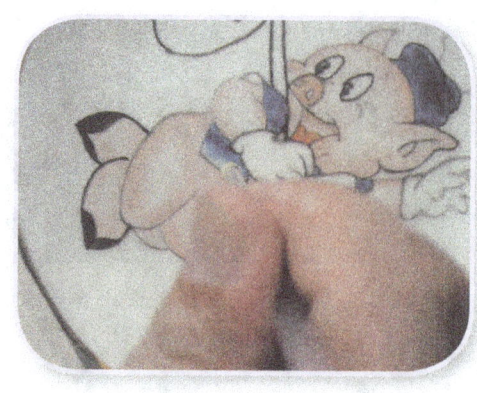 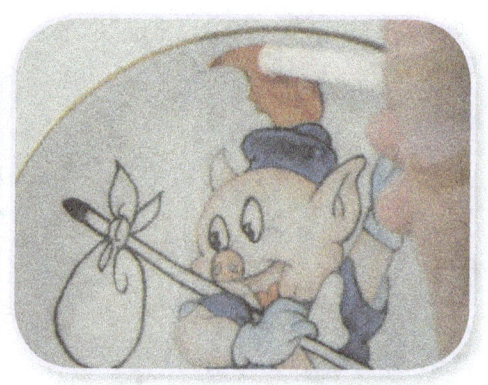

图1-36　平涂颜色不匀的可用海绵笔将颜色匀平

图1-37　背景的着色

3. 色彩过渡

两种以上不同色彩过渡是把颜色分别涂好，然后逐步过渡用海绵笔揿匀。底色可用深绿、暗绿逐步过渡。

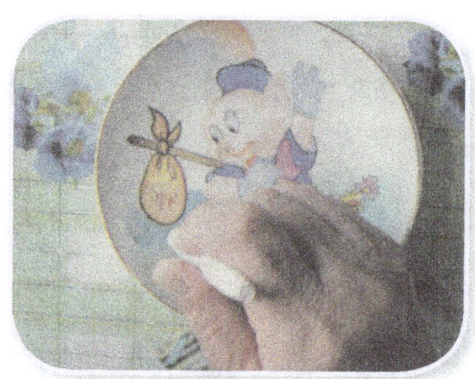 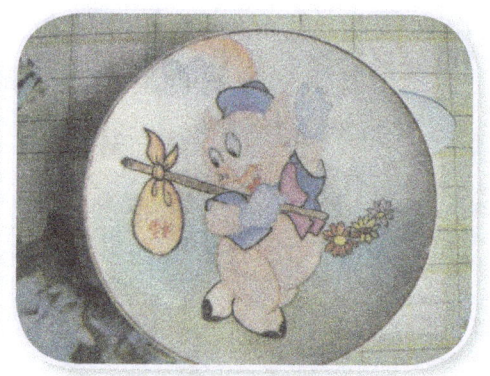

图1-38　两种色彩先分别点涂，再用海绵笔将两种色彩过渡揿匀

图1-39　完成瓷画

最后对整体做些整理、调整，至此，一幅瓷画作品就完成了。

注意：着色用笔每次用完后用酒精洗干净；着色笔不可混用，最好一种颜色一支笔。

四、瓷绘的小技巧

我们已经实践了一次瓷绘的过程，画出了一件瓷绘作品，是个"处女作"，好好保存，留作纪念。可与以后瓷绘作品作个比较，看看进步、提高了多少。

以后在每次准备画瓷时，必须提前半至一小时在当天要使用色相的色块上先滴一滴樟脑油，切记，不要遗忘！这样可以达到"预热"的效果，即这一滴油可以先把色块溶化起来，当您开始作画上色时，着色笔蘸了油，一打料颜色就很深了。但是提前滴油的小窍门不是时间提前得越长越好，这样反而会适得其反。如果在色块上不是滴一滴油，而是倒不少油，把色块浸泡在油里，结果时间一长上面会结起一层半透明的膜，颜色怎么打料也不会深了。

此外，每次画瓷前还要提前准备好勾线笔、海绵笔、纸刮、餐巾纸、棉签、刮笔、酒精等。如需着色时，事先还需准备好相应的着色笔备用。最好还自制一只简易笔架（可用废弃的牙膏盒制），着色时不至于摊了一桌子。

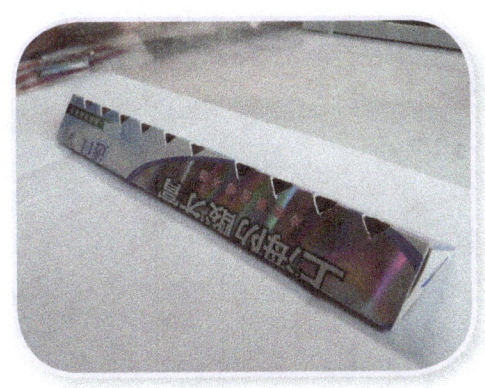
图 1-40　牙膏盒再利用

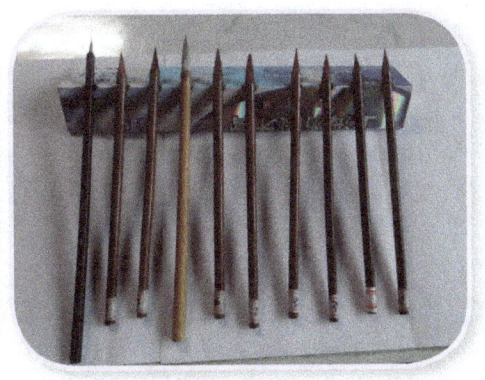
图 1-41　自制笔架

最后,请大家牢记瓷的特点是"白如玉、薄如纸、明如镜、声若磬"。以后在选购瓷材时,只要通过"看"——是否白亮;"掂"——是否轻;"对着光看"——是否薄透,把手指放在瓷盘后是否看得到指影;"听"——托住瓷材,轻轻敲击,声音清脆悦耳有回声是佳品。

黑白肖像画的瓷绘技法

第二讲　黑白肖像画的瓷绘步骤一：准备工作

一、关于瓷绘肖像画

　　肖像画是人物画的一种，专指描绘人物面貌形象之画，可分头像、半身像、全身像、群像等。中国传统肖像画常有"传神"或"写真"之称。

　　在瓷器上学习绘制肖像画可先从黑白肖像入手，通过素描明暗关系用块面来表现人物的造型。严格地说，在肖像画中基本上看不出线条，大部分都是不同明暗接触所产生的块面感觉。所以没有学过素描的朋友可同步学点素描知识，在绘制的实践中提高对光线明暗观察和形象块面识别能力。

　　由于瓷器表面光洁，光反射强，不吸墨色，故在绘制中要掌握要点，并运用专门工具辅助。

二、绘制前准备

（一）选样

　　绘制肖像画有时直接选取照片或印刷品作为样片。在过去，画时一般要准备好放大镜和九宫格，如今科技进步了，有了复印机，完全解决了样片放大的问题。把要画的照片放大到画材所需要的大小。因为1∶1临摹造型最准。（图2-1）

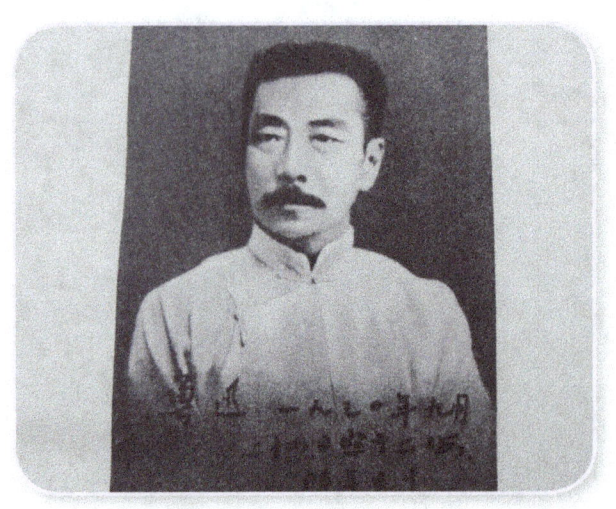

图 2-1　鲁迅肖像

（二）打格

1. 先在放大的样片上以头顶至下颌长度为准，分别画出 6~8 格正方形格子。假如头部长 8 厘米，那么格子打 8 格，正好 1 厘米 1 格（如果头长 9 厘米那么可打 6 格，1.5 厘米 1 格）。第一根线先画鼻梁正中的垂线，然后用角尺在眉毛和眼睛之间的上眼睑画第一根横线，再向上、向下每 1 厘米画 1 格，画好整个头部，以同样的方法在鼻梁左右分别画 1 厘米 1 格的垂线，画好整个头部。头部以下的格子可延长每 2 厘米 1 格打正方形格子。（图 2-2）必

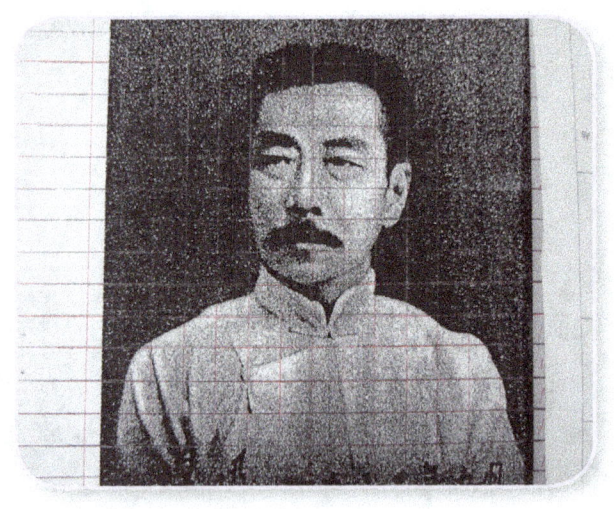

图 2-2　在画稿上打格子

须注意的是,所有头部打格子的横线条不能和五官造型线条重叠,否则会影响肖像的精确度。

2. 在画材——平面瓷板上提前用樟脑油薄薄地揩一遍。待干后即可打格子。(图 2-3)按照样稿上的格子 1∶1 等同在瓷板上直接用 HB 铅笔打相同的格子。(图 2-4)假如是瓷盆甚至异型瓷器打格,先在半透明的拷贝纸上打完全相同的格子并编号。瓷板上

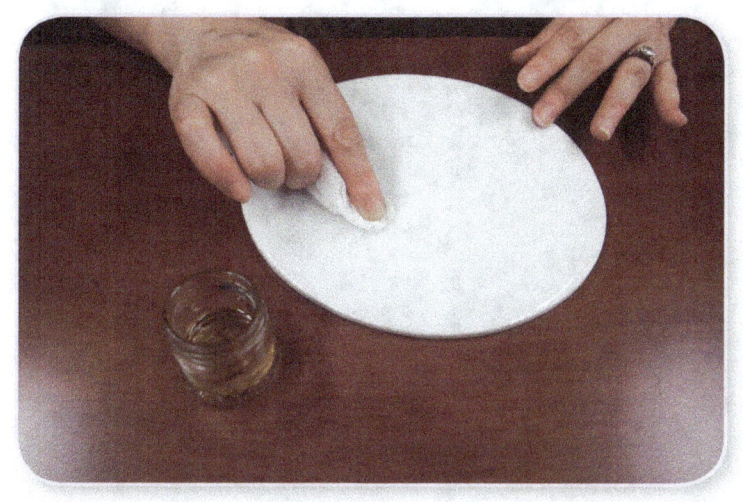

图 2-3　在瓷板上揩樟脑油,为铅笔打格作准备

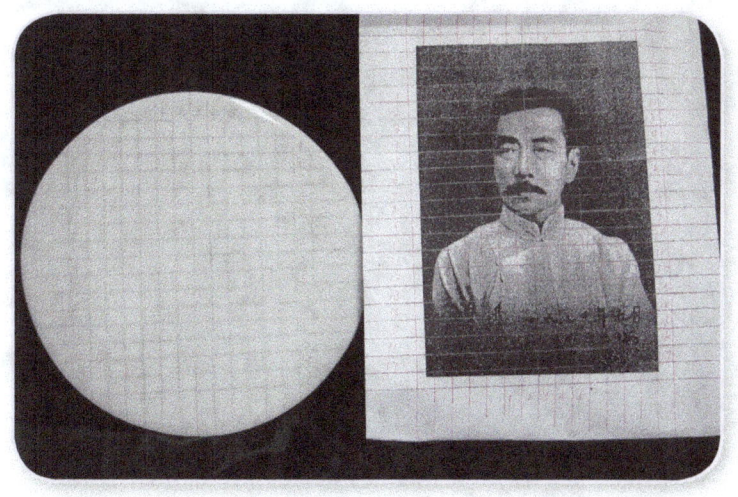

图 2-4　在瓷板上打同样的格子

瓷绘工艺——肖像画技法

同样先上樟脑油，待干后把打好格子的拷贝纸翻过来固定在瓷板表面。（图2-5）然后细心地用左手按住拷贝线，右手用大拇指的指甲在拷贝线反面看得见的每一根线条上刮。（图2-6）这样依次把所有横竖线条都刮一遍，瓷板上就会出现整齐的铅笔线条格子。（图2-7）

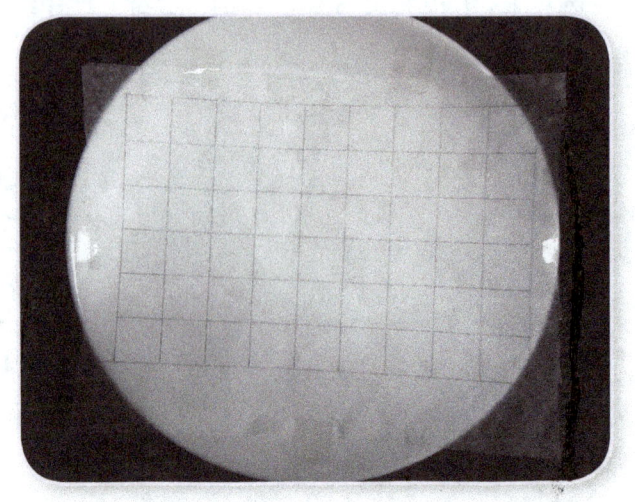

图2-5　打好格子的拷贝纸固定在瓷板上

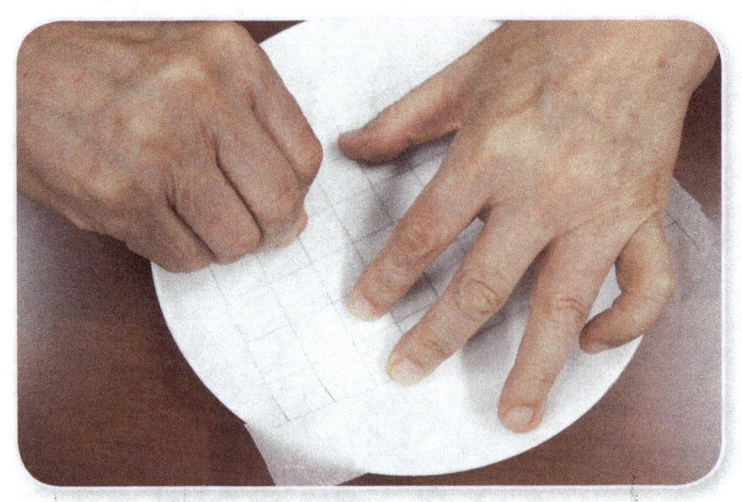

图2-6　用大拇指的指甲刮线

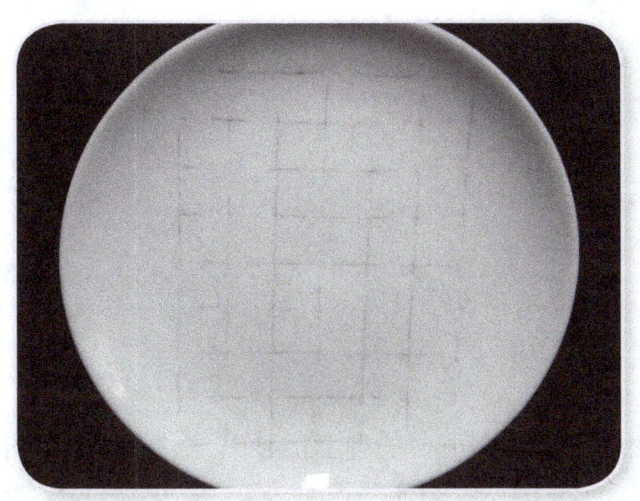

图 2-7　瓷板上出现的格子

练一练：选择好样片，在瓷板上放大并打格，细心地操作一遍。

第三讲　黑白肖像画的瓷绘步骤二：放样和勾轮廓

一、放样

原指机械制造过程中的基础工序。用手工将物件型线图与构件图按实测或一定比例进行放大，画出物件及构件的轮廓。在这里指的是依据样片在瓷材的格子上用铅笔勾出样片上肖像的轮廓。

（一）头像放样（选鲁迅像为样片）

画肖像先画头部，画头部从五官入手。仔细地看清五官所处的不同格子，在瓷材相同位置的格子里对应地勾出五官及头部的轮廓。

由于鲁迅的肖像头部向左侧转了一点，所以右面的器官长度比左面的要长（眉毛、眼睛、鼻翼及嘴唇），还因为鲁迅的头部稍稍有些上抬，所以脸部所有的横向线，眼线、眉线、鼻底线、唇线都稍微呈左高右低的倾向。

从左眼睛开始。仔细观察分析判断出眼睛、眉毛、鼻子的正确位置，用HB铅笔（较硬）勾勒出上下眼睑、眼角（内外）以及眼珠及眼袋（下眼睑）的造型，用同样方法向上勾勒出眉毛的造型，注意它的长度、弯曲度以及粗细的变化。左侧眉毛因受光影的影响，似乎比较粗。

然后沿着左边眉毛连接的鼻梁线，确定鼻窦及鼻翼的造型，右边的鼻翼宽低，左边鼻翼窄高，略有倾斜。离鼻子向下由于浓密的胡子遮住了上唇只看见唇线及下唇。同样右半边的胡子长，略向右下长出,左半边的胡子基本持平而明显短了。右半边的下唇亮而长,左半边的下唇短而暗,受光照的关系左侧下部偏上暗,只有在下巴中部起才逐步过渡到明亮。紧接着判断准脸庞的正确位置,勾描出左边脸庞小、右边脸庞大的脸部造型,左边脸庞向上连接额头,上面的发际线呈左低右高的一条斜线。顺着发际线向右转向下连接鬓角至右侧的脸庞线。在右边外眼角及右边鼻翼底线向右至脸庞勾勒出右边耳朵的轮廓,再判断、确定画出头发的外廓造型,至此头部的放样完成。

(二)服饰放样

鲁迅穿的衣服是传统服饰中男性所穿的长衫,现在只能在舞台上看见相声演员穿的"演出服",在平时生活中已经看不到了。它的材质一般都是棉布料的,所以相片上显示出的衣褶感觉比较柔软。长衫的衣领是立领(较矮),扣子是传统的葡萄纽。只有了解了材质、款式、结构等要素后,才能表现出服饰的质感。因为头部以下的格子放大了,所以观察判断更要仔细、准确,虽说服饰不如头部精细,但还是要准确为好。入手可从左边下颌转角处画出立领的左边轮廓,再从右边耳下胡子右边底角向右延伸与脸庞线

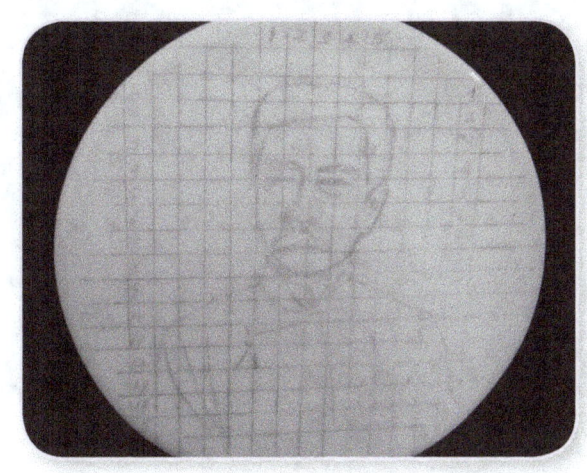

图3-1 用铅笔在瓷材上放样勾出鼻、嘴、胡子、头部、服饰,完成肖像的放样

交点处向下画出一小段颈线，接着画出立领左右两边，立领在下巴中央是葡萄纽的位置。然后相继画出左、右肩及左、右臂。因为整个身子是正面稍向右侧，所以服饰就成了左宽右窄的现象。完成放样（铅笔）。（图 3-1）

二、勾轮廓

（一）画前准备

1. 浓淡两支笔打好料备用。
2. 准备好纸刮、餐巾纸等辅助用品备用。

（二）勾肖像轮廓

整个轮廓必须用淡灰色线条勾描，勾描时对铅笔线的轮廓要做仔细的修正，确保造型的精确。

1. 勾头部轮廓仍然依照放样的程序先画眼睛、眉毛。画眼珠及上眼睑时可用较深的灰线勾描，其他的线条则多用淡灰色勾描。眉毛则要顺着自然的走向一根根描出。（图 3-2）

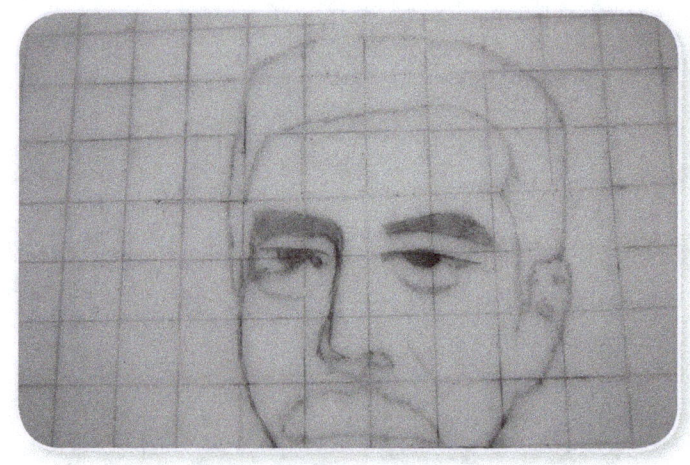

图 3-2　用淡灰色勾出眉、眼

2. 顺着左边眉毛弯下勾出鼻梁、鼻窦和鼻翼。接着用稍深的

灰色点出鼻孔。顺势勾出胡子及唇线下唇的轮廓线。（图 3-3）

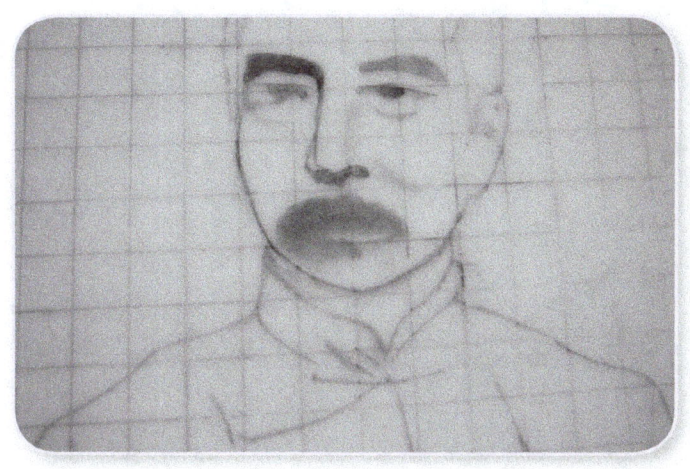

图 3-3　用淡灰色勾出鼻、嘴和胡子

3. 勾出脸部轮廓，画出耳朵造型及头发。注意左耳边隐约看到一点耳部轮廓。（图 3-4）

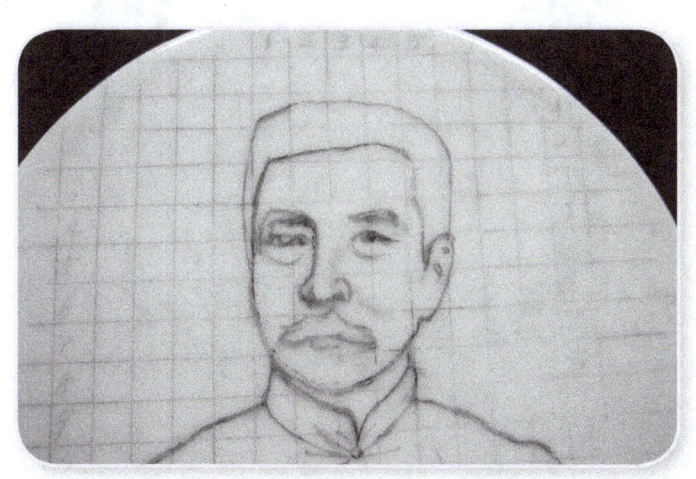

图 3-4　用淡灰色勾出整个头部轮廓

4. 最后勾画服饰。注意正面服饰中间有一条接缝线，必须淡淡地勾出。（图 3-5）

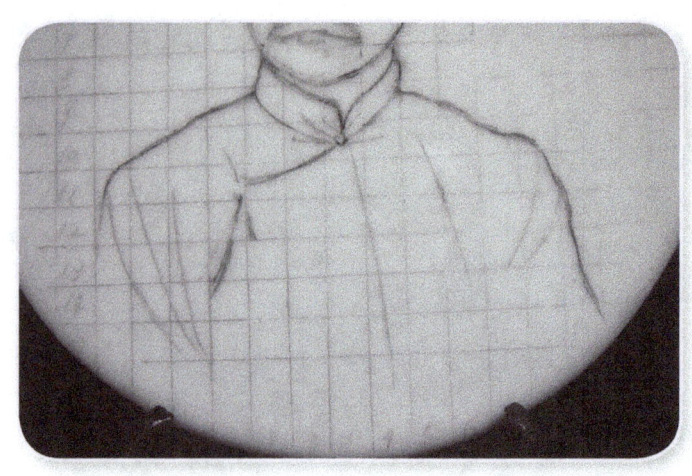

图3-5　用淡灰色勾服饰

5. 在肖像下部写上"鲁迅，一九三〇年九月二十四日照于上海，时年五十"。（图3-6）

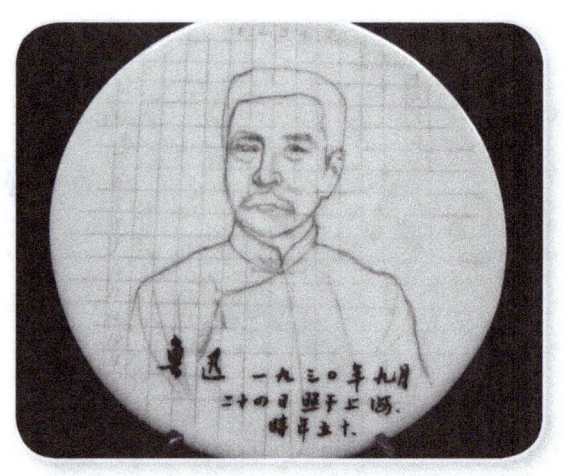

图3-6　用深墨色书写鲁迅落款

练一练：学会放样及勾轮廓，勾出较为准确的人物肖像轮廓。

注：肖像轮廓复印放大后，也可用拓印法拓出轮廓造型，再用淡墨勾轮廓。

第四讲　黑白肖像画的瓷绘步骤三：明暗处理

本讲主要介绍黑白肖像画脸部明暗处理的瓷绘技法。由于瓷绘的特殊性，色彩大面积铺色后，如果干了以后再接上去就会出现明显的接缝。如果接缝出现在脸部，那么肖像画就失败了。所以脸部着色（上明暗）必须在同一时间段一气呵成，否则就不要处理脸部着色。一般初学肖像画至少留足两个小时。

一、准备工作

（一）读画。认真观察比较脸部细微的明暗变化，观察判断出最深及最淡的色度差距，脸部立体结构的色彩自然过渡等细节。

（二）准备好大、中、小三支包扎好的彩笔及自制的特小彩笔备用。自制特小彩笔：取一支"小白云"或"中白云"新的羊毫笔，在笔头根部开始向前到距笔尖约 2 毫米处全部涂上一层白胶（木工用的白色木胶）等其干结后将 2 毫米的笔尖用手揿开即成。（图 4-1）

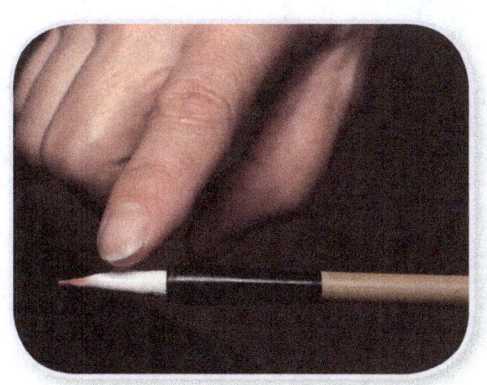

图 4-1　笔上涂白胶

二、脸部着色

（一）眼睛、眉毛及鼻的着色

建议先从右边眼睛、眉毛开始着色。用深笔先勾出上眼睑及眼珠，随即用微彩笔在上眼睑边缘点氙过渡使其产生眼睑的体积感，是个立体的结构，并在眼珠中刮出光点使之更有神。紧接着在右边眼睛的上眼睑左侧用灰色点涂后点氙，使其产生左边凹下中间和右边高起的视觉效果，再用深笔开始画眉毛，顺着左上右下斜向画出一根根眉毛并逐步向右淡去。（图4-2）再画左边的眼

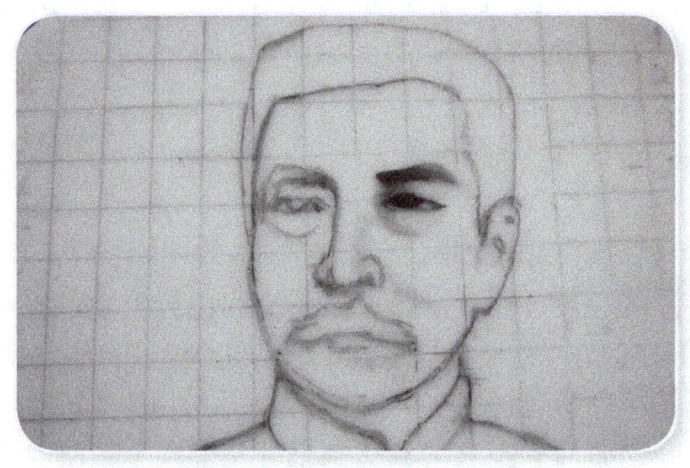

图4-2　右边眉眼的着色

睛及眉毛，处理的方法同右边。但要注意暗部比右边眼部为深。过渡还要自然，下眼睑的眼袋淡淡的，也要逐步过渡。（图4-3）顺着左边眉毛向右下弯斜向下左画出鼻梁线，靠右侧用小海绵笔轻轻点氙过渡一直画至鼻窦，两侧鼻翼用淡墨轻勾。鼻孔较深，边缘同样需要过渡自然。鼻窦要把明暗处理成球形。中间鼻梁留白，鼻窦处球状体留白最大。鼻梁鼻骨右侧用淡灰色揿平揿匀，让鼻子"凸出来"。（图4-4）

第四讲 黑白肖像画的瓷绘步骤三：明暗处理

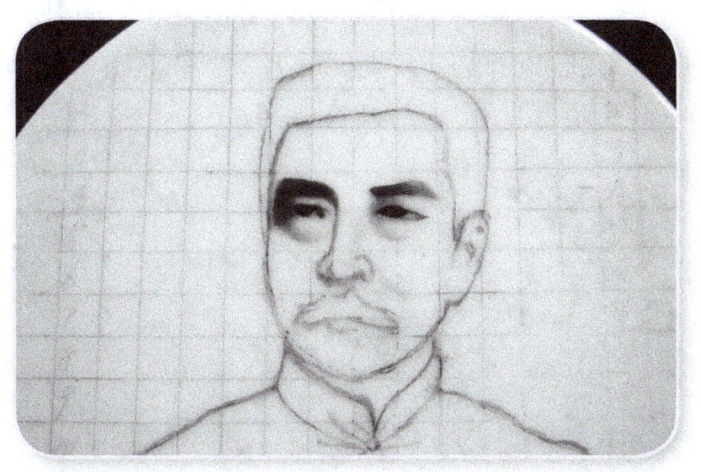

图 4-3　左边眉眼的着色

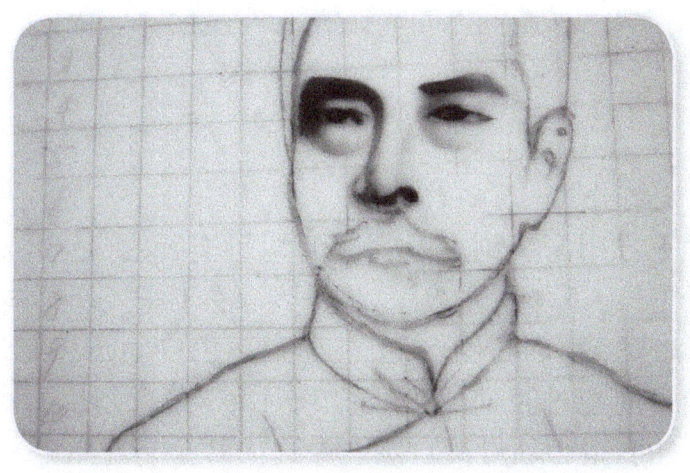

图 4-4　鼻子的着色

（二）脸颊的着色

紧接着处理鼻子两边的脸颊，右边受光面大，故色泽淡而灰，注意处理好在鼻子右边的一条阴影和脸颊明暗的过渡；鼻子左边的脸颊小而较暗。除眼袋左下部最亮留白外，下面开始从白过渡到较深的灰。在脸的最左边，暗部边缘处要留出一条反光，比亮部要稍暗些，比暗部要亮一点。（图4-5）

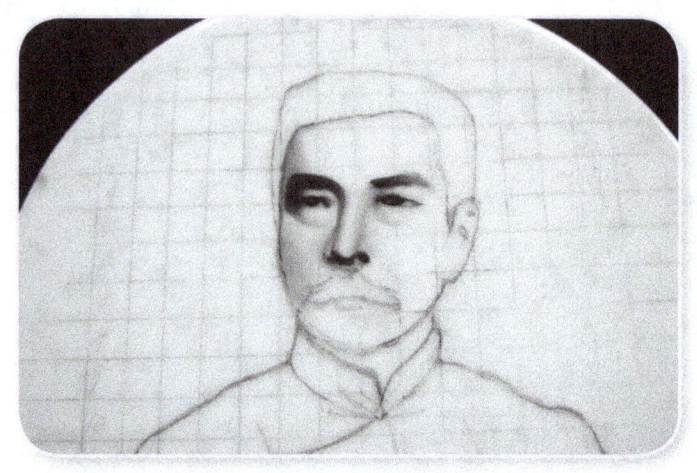

图4-5　脸颊的着色

（三）胡子和下颌的着色

鼻子下方用深墨画出上嘴唇的胡子至唇线，左边胡子稍短，右边胡子稍长；下嘴唇左边深，左下深，右下很淡。再向左延伸至下颏阴影较深；而向右侧较亮，特别是下巴中间凸起部分就很亮，并逐步向下向左过渡到阴暗处。（图4-6）最后画出右边的耳朵，其中产生的明暗必须过渡自然。左边的耳朵是在暗处，所以隐约可见。再画出头部最高处的头发。头发的外缘及与面部连接处要过渡自然，不能生硬。在外缘边上可用较细的笔触画出一根根发丝。（图4-7）

第四讲 黑白肖像画的瓷绘步骤三：明暗处理

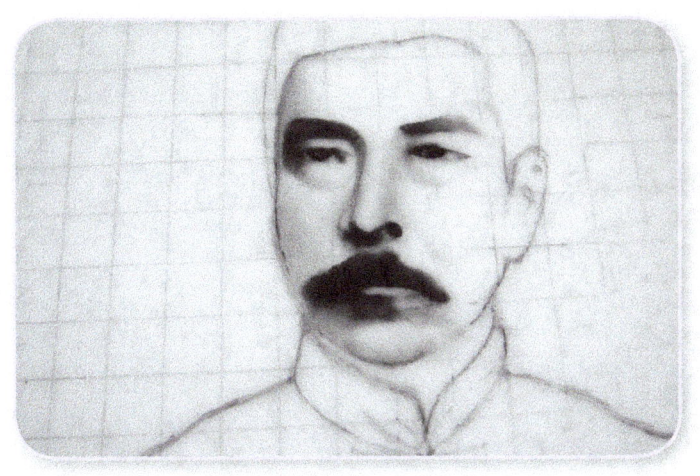

图 4-6　胡子和下颌的着色

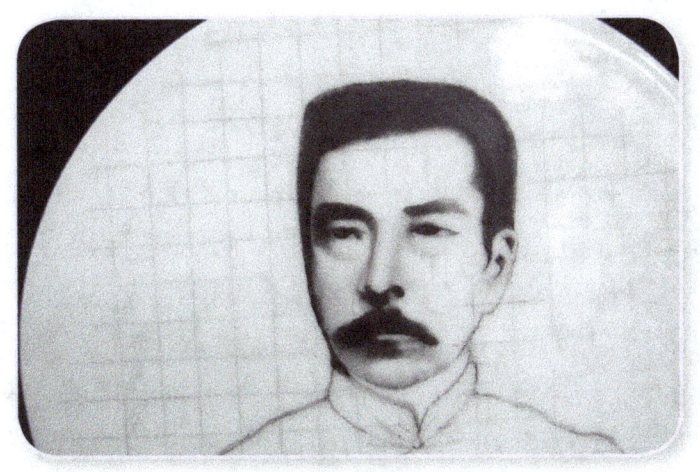

图 4-7　耳朵、头发的着色

练一练：仔细精心地画出鲁迅先生黑白肖像。

第五讲　黑白肖像画的瓷绘
步骤四：服饰及背景处理

一、读画

认真仔细地观察、分析服饰的褶纹，以及服饰表面明暗的细微变化，表现好服饰的质感。

二、服饰的明暗处理

（一）颈部与衣领

接着下颌下用深笔点涂，再用小号海绵笔轻轻点戛均匀，在衣领开口处最深，紧接着在下颌的右下用稍稍淡一点的墨色点涂，然而用海绵笔匀淡；画衣领时，因为右边的衣领上部是受光面，所以比颈部的色泽要淡，而下部则稍灰。左边衣领同样上部两头亮，中下部较暗。衣领开口处下方为中间的纽扣——葡萄纽，向两边连着一个纽攀，用灰线条描出。（图5-1）

（二）书写落款

在相片下方约五分之一处用深墨色书写"鲁迅，一九三〇年九月二十四日照于上海，时年五十"字样。鲁迅两字在左，字体较大，日期的字体比名字小一半还多。（图5-2）最好写好文字后用吹风机立即吹干。

第五讲　黑白肖像画的瓷绘步骤四：服饰及背景处理

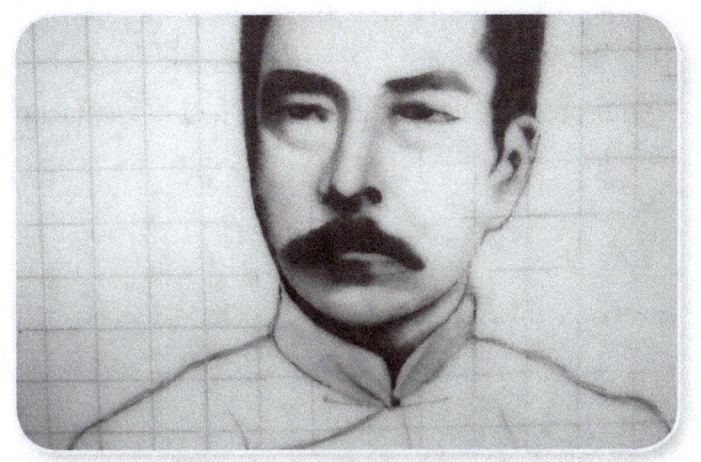

图 5-1　颈部与衣领着色

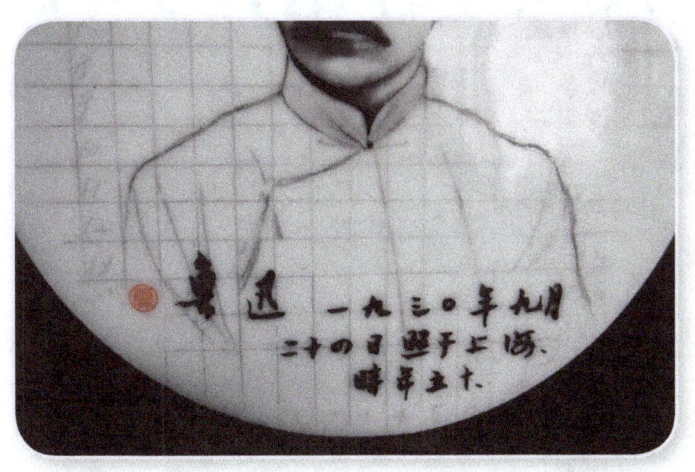

图 5-2　书写落款

（三）画服饰

先画左边的衣服。从整件衣服看这件衣服是夏末初秋季节穿的，衣料色泽较淡、较薄，所以褶纹较细，而衣料质地较好，所以比较挺括。因而处理明暗时要十分细心地处理好服饰上的细微变化。可用中号海绵笔直接蘸了淡灰色在左肩部点丑揿匀，在肩部轮廓线下要留出最亮处，让肩部灰色自然过渡到留白。顺着肩部

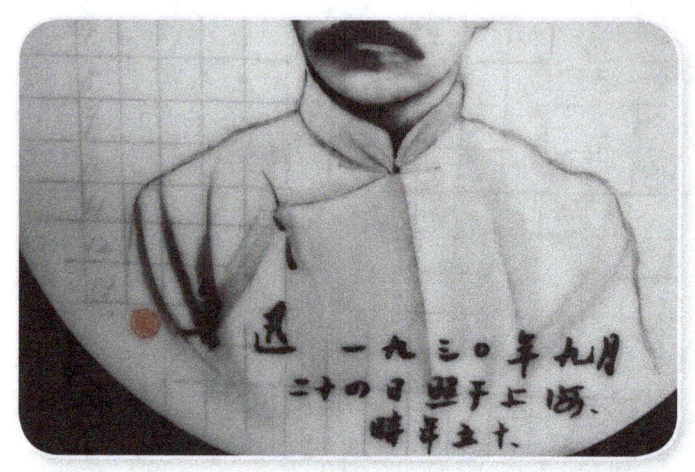

图 5-3　衣服着色

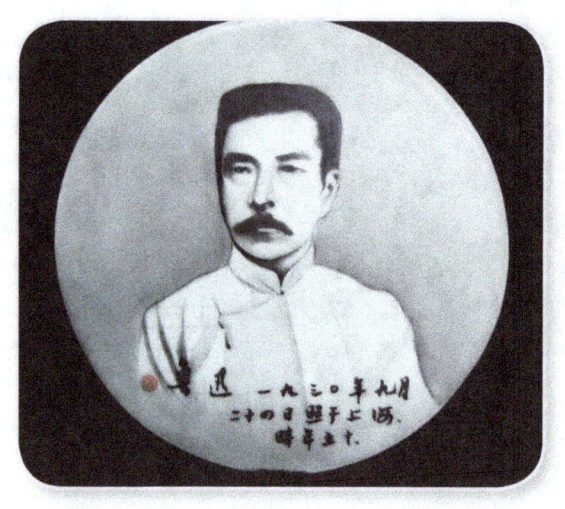

图 5-4　完成衣服着色并铺背景底色

向下有三条明显的衣褶，左深右白，表现出三条凸起的衣褶（下面灰色铺到长衫的斜襟边稍淡），前大襟的轮廓线下留白，下边逐步用淡灰点涂揿均匀过渡而呈山峰形。左边前胸灰色铺至长衫前襟中缝线。（图5-3）继续画右边前大襟及肩部和右边袖子。右肩部比较白，右边袖子右侧也较白，臂窝及右臂衣袖上褶痕较深，注意深淡变化。（图5-4）

三、铺背景底色

用较深的灰色把背景点涂后再用较大的海绵笔揿匀，并在底部约五分之一部位即书写文字部分全部铺上底色用海绵笔揿平（见第一讲着色技法的明暗过渡法），完成鲁迅的黑白肖像。

练一练：完成服饰的黑白明暗着色以及铺背景底色。

初级彩色肖像画的瓷绘技法

第六讲　初级彩色肖像画的瓷绘
步骤一：放样和勾轮廓

一、关于彩色瓷绘肖像画

对于瓷绘爱好者来说，建议初学肖像画最好多画些黑白肖像画，以便从中掌握肖像画中各部分明暗变化的规律，为学习彩色肖像画打好基础。最早的彩色肖像画就是在黑白肖像画完成并干透后再点涂一层西赤（又称淡赤或光明红）完成的。所以本讲所讲的彩色肖像画就是采用"原始"的彩色肖像画的瓷绘技法。一方面巩固黑白肖像画的瓷绘技法，另一方面为过渡到现代肖像画瓷绘技法做好准备。

二、以黑白瓷绘肖像画的技法打底

为了让老年朋友由简入繁，进一步巩固黑白瓷绘技法，所以这里就介绍原始的彩色肖像画的技法，即在完成黑白肖像画的基础上，待其干透后再铺一层色彩。选《徐悲鸿》为样稿。

（一）打格

先在《徐悲鸿》样片上量出头部的长度为12厘米，然后以其八分之一的长度1.5厘米为准，打正方形格子。打格子从头部中间通过鼻梁的垂线开始，然后用三角尺画出与中央垂线相垂直的横线，位置确定在眼睛及眉毛之间。（图 6-1）然后按 1.5 厘米长度向左右两端分别各量出 4 格和 2 格的位置，再从中央垂线与眼睑横线交点开始，以 1.5 厘米长度为单位向上、下各量出 4 格，然后用三角尺画平行线。（图 6-2）也可在另一端以 1.5 厘米长度分别

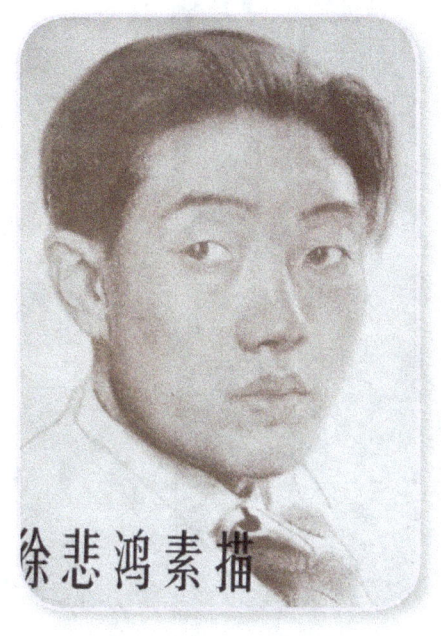

图 6-1 画稿样片

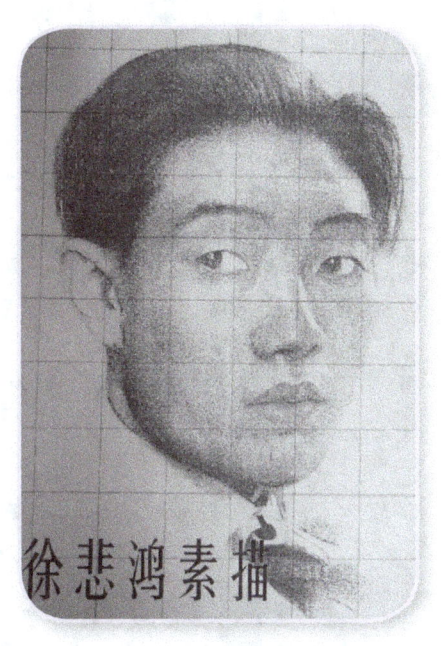

图 6-2 在画稿样片上打格子

量出竖线上、下四格，横线左、右四格二格，再点点相连成正方形格子。头部以下则可用 3 厘米标准打格。图纸上完成格子后，在瓷材上对应地打好同样的格子并编号（注意，瓷材上打格前必须先揩上樟脑油）。（图 6-3）

（二）放样

在瓷板上，根据画稿对应地用铅笔轻轻勾画出人物头部各器官的造型轮廓。一定要数清格子。为避免数错格子，可以在格子边上编号。再根据画稿画出眉、眼、鼻、唇、耳等器官及头发，随后在对应的格子中再向下画出衬衫领、领带及外套的造型线条。（图 6-4）

瓷绘工艺——肖像画技法

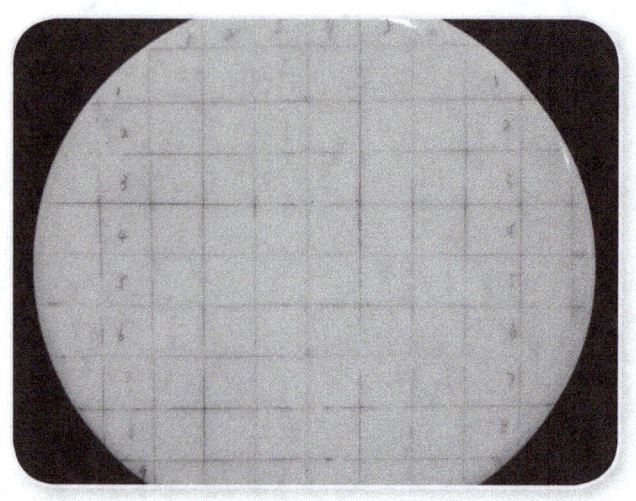

图 6-3　在瓷板上打好相同的格子

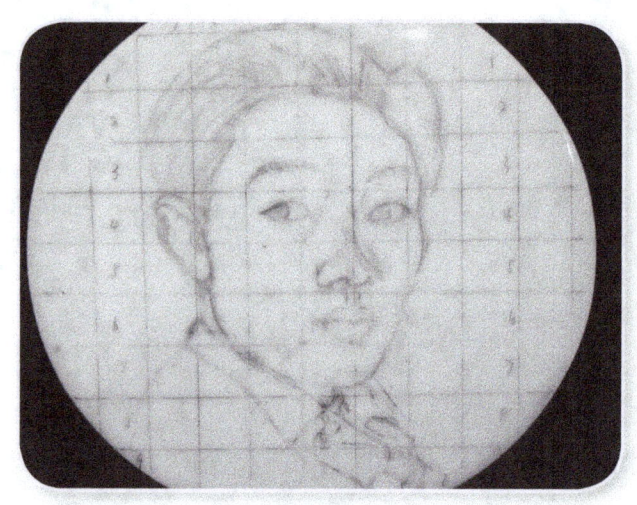

图 6-4　铅笔放样稿

（三）勾轮廓

先把勾轮廓用的赭色调得很淡。（图 6-5）再用淡赭色准确地勾描出头部各器官的造型及服饰线条。这时的轮廓一定要精确，对放样时的铅笔稿必须修正到满意为止。

由于头像是小半侧面，所以左边大，右边小，左边的器官明显比右边的大。

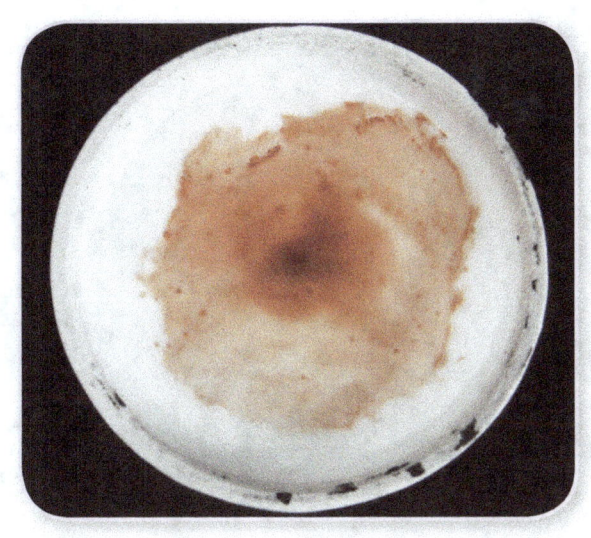

图 6-5　调成淡赭色

1. 眼、眉

左边眼睛长度要长，睁得也较右边大，左边眉毛长而且有些上扬，所以上眼睑明显地要比右边的眼睑面积大。两眼都目视左前方，所以眼珠全靠在眼眶的左边，高光点全在眼珠的上方。

2. 鼻和嘴

鼻梁线是一根向右下方的斜线，右边鼻翼小，看到鼻孔更小而扁，成一线状；左边鼻翼大鼻孔向下。鼻窦下连接人中。人中接着曲线明显的上唇，再下边是左边较平且长，右边有起有伏但较短的唇线；下唇是一条左长右短的弧线。（图 6-6）

3. 耳、脸庞、头发

因为是侧面，所以只看见左边的耳朵，耳廓及中间软骨凸起，隔屏（靠近鬓角处）也凸起，耳垂紧贴脸庞。然后沿耳垂向下至牙床骨外脸部轮廓至下巴，再从右边额头向右下，眼部外轮廓垂直向下，再向右下颧骨处凸起然后转向左下斜下，几乎是条直线与下巴相接。最后勾出头发的轮廓线，除右边头发较蓬松外，其余部分比较光整。

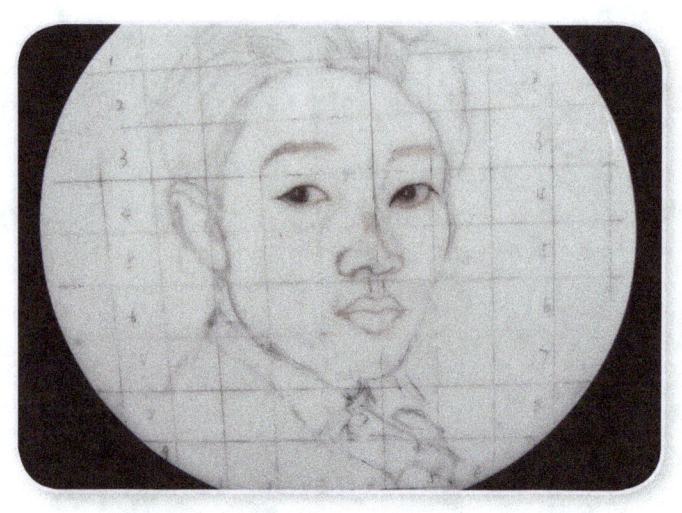

图 6-6　勾画眼、眉、鼻、嘴

4. 服饰

勾出衬衫、领带及外套的线条。（图 6-7）

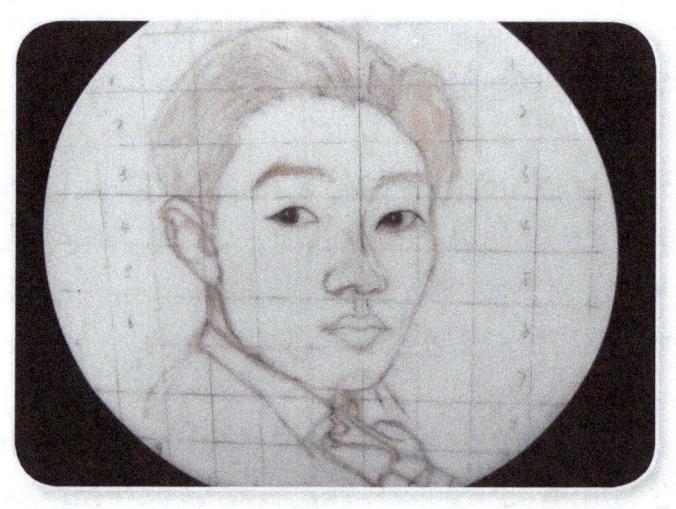

图 6-7　完成的轮廓勾勒

练一练：学会用淡赭色勾描肖像轮廓。

第七讲　初级彩色肖像画的瓷绘步骤二：明暗处理

一、读画

认真细致地观察样片——徐悲鸿脸部的明暗细微变化。包括受光面、背光面、高光部、隆起的明暗变化等。

二、面部明暗处理

黑白肖像画的着色，就是用黑白的不同深浅表现出明暗的微妙变化。所以一定要细心观察，耐心处理。

头部着色可以从上至下逐步进行；也可先从五官的眼、眉、鼻开始，然后至脸颊、两腮、下颌，再到额头、耳朵，最后头发。这根据个人的习惯和时间来决定。如果按课程讲，每次课一小时半至两小时，那么还是以第二种方法为好，如果在家里有更多的时间，则可用第一种方法。脸部着色必须一气呵成，绝不能分时段进行，否则脸部就会出现接痕。一旦出现了接痕就无法消除，只能推倒重画。所以没有足够的时间，就不要在脸部上色。

（一）眉、眼着色

先从右边的左眉、左眼开始。眉毛用较深的黑色由内向外一根根画出，到眉梢处用淡笔拖出眉毛。眉下有一片稍深向里凹陷的眼睑，再下接中间淡、右边较亮、左侧较暗、眼窝处深的上眼脸。左眼的上眼线较深，尤其是眼线的右侧深，随即用小海绵笔在眼线上沿轻轻点乩，使其产生厚度感，在它的眼角处留出（或刮出）一反光点。接着在上眼线下方内眼角边画出大半只眼珠，并在其中心留出高光点（或刮出）。（图7-1）

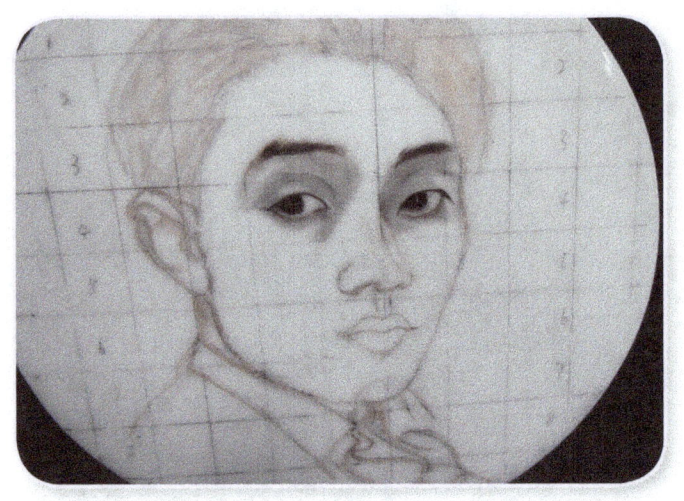

图7-1　右边眉、眼、鼻及右边脸庞
左边鼻翼、鼻窦、鼻孔着色

眼珠的下部用小海绵笔轻轻点乩，使眼珠中间瞳孔深，四周稍淡。下眼线较淡，外眼角右侧到脸庞轮廓线有一片受光面较亮，左侧连着下眼线下有一弓形稍暗、弓形外圈还有一较淡的弓形。顺着眼窝斜向右下是鼻梁线，线的右侧较暗，是整个脸部较暗处，并逐步过渡至脸庞轮廓处最右边有一条稍淡的受光面。（图7-2）

（二）鼻及相连的脸部着色

在鼻梁线左侧是鼻梁受光面需留白，留白的左侧是从上至下逐步加深直至鼻窦（较深）的鼻梁骨。再左边又有一条鼻骨的反光（稍短），在鼻窦的左侧下方有一反光点，反光点下是鼻窦的底部较暗，左下侧紧接着左边鼻孔，其右侧是鼻的中隔，再右边是另

第七讲 初级彩色肖像画的瓷绘步骤二：明暗处理

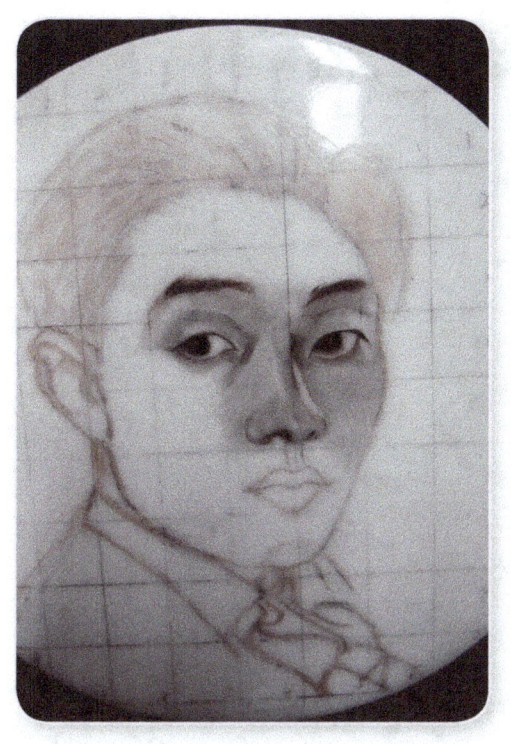

图 7-2　左边眉、眼及脸庞着色

一鼻孔，呈线状，右边的鼻翼有一条淡淡的轮廓。左边的鼻翼下部较暗，逐渐向上淡去。在左边鼻孔的上沿有一稍淡的光点。然后画左边的右眉和右眼。眉毛的两端毛色较淡，中间较深，需自然过渡。因眉毛有些上扬，所以上眼睑显得比右边的大。眼睑两侧稍暗，中间偏左处稍淡。下面画上眼线，稍深些。眼珠紧靠着左边眼角。眼珠中央紧靠上眼线处留出光点。再画下眼线连着一条淡灰色带，再下面更淡，连通颧骨，四周逐渐加深至鬓角处。沿着鬓角线及发际线用稍深的灰色揿匀，逐渐过渡到颧骨四周。上面额头自左至右逐步加深到右边眉毛上方额头转角处达到较深，约与眉下眼睑凹陷处相同。额头最右边是整幅肖像的最亮处。（图 7-3）

再沿着鼻中隔往下用淡灰色涂揿匀，画出人中，人中两侧各有两条大小不一的受光面，右侧窄、左侧较宽。人中下的上唇线

瓷绘工艺——肖像画技法

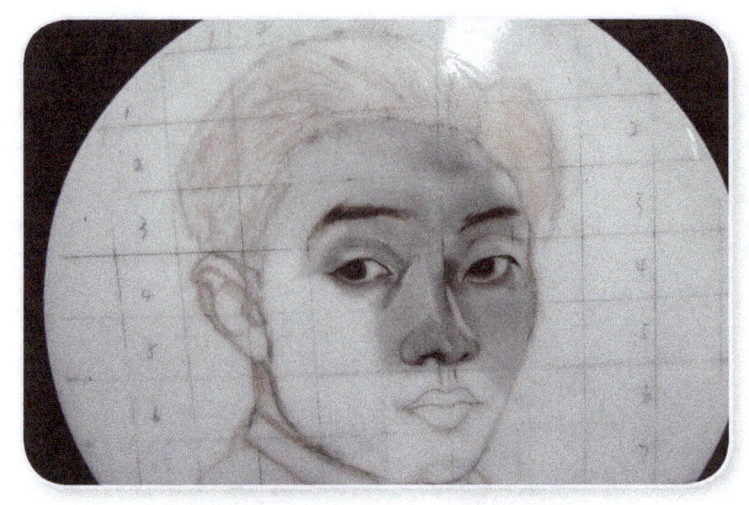

图 7-3 额头是整幅肖像最亮处

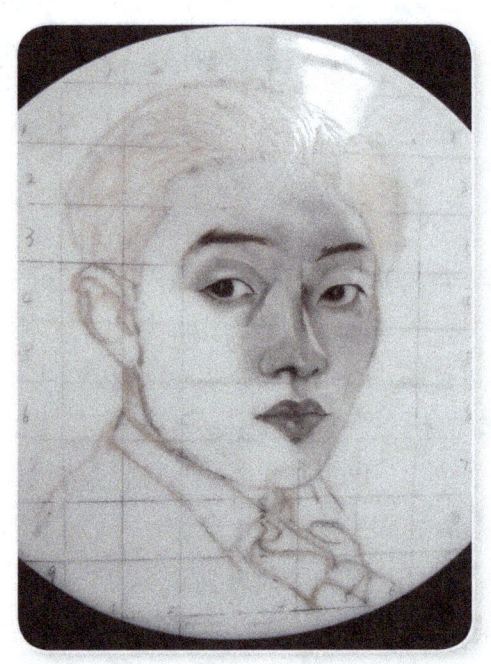

图 7-4 人中上、下唇的着色

上沿都较淡,上唇用灰色揿匀后在唇线上沿需稍深,上唇波谷下两侧用海绵笔吸淡些。下唇色泽比上唇要淡,下唇中间接唇线处稍深逐步过渡而且在下唇上下转折处左右各有一处亮点，左边的亮，右边的稍暗。下唇线中央下有一笔较深的笔触，这就是下唇的凹陷处。（图7-4）

然后沿着凹陷的两端用灰色揉匀。嘴下偏左是下颌最淡处，逐步向下部两侧过渡加深，至下颌及左边腮部达到最深。注意过渡一定要自然，不可生硬和死板。（图7-5）

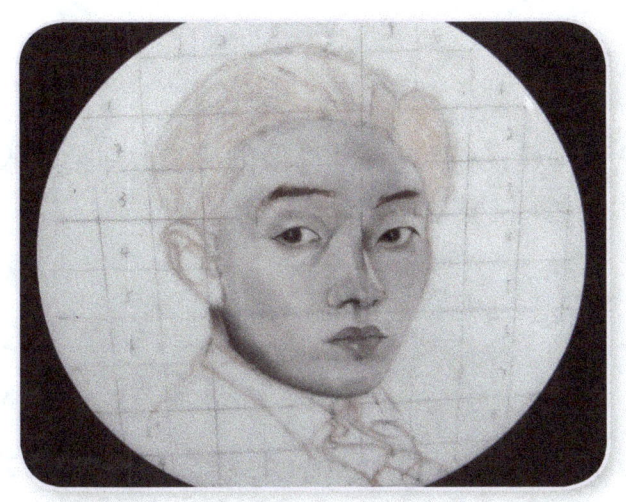

图7-5　完成脸部着色

至此脸部着色完成。

练一练：细心地观察，耐心地落笔，完成《徐悲鸿》肖像的脸部着色。

第八讲　初级彩色肖像画的瓷绘
步骤三：完成黑白肖像

一、读画

认真仔细地观察《徐悲鸿》肖像的头发、耳朵及服饰，并考虑如何达到画面效果的技法。

二、头发、耳朵、服饰处理

（一）头发、耳朵的着色

头发的左边受背光面的作用，色泽深，特别是发际线连接额头部分和左侧鬓角及以上部分都是深色，待转折到头顶就逐步减淡。特别到额头中央头发看出一排纹理，纹理用深和较深的粗线条勾出，须根据头发向后梳的规律线条从发际线向左上斜向勾出，然后变向左边。由于光源来自右上方，所以头发的右上方是受光面，因此在头发纹理间隙，用深灰色轻轻点氲，逐步减淡，每条纹理线右侧都需轻揩出一些淡的受光效果。在发际额头与皮肤接触部分一定要过渡自然。随后再处理右边蓬松的下垂的头发。也是因为背光，所以用色也较深，只是最右边散落的发丝可以稍淡些，而最右边要用淡笔拖出蓬松的受光的效果。（图 8-1）

耳朵的着色，徐悲鸿这幅自画像因为是半侧面，所以只看见左边一只耳朵。耳朵分耳廓（即外部上边的耳朵轮廓），下接耳垂。向里是隆起的软骨，再往里是耳窝，深深地凹陷下去，里边连

第八讲
初级彩色肖像画的瓷绘步骤三：完成黑白肖像

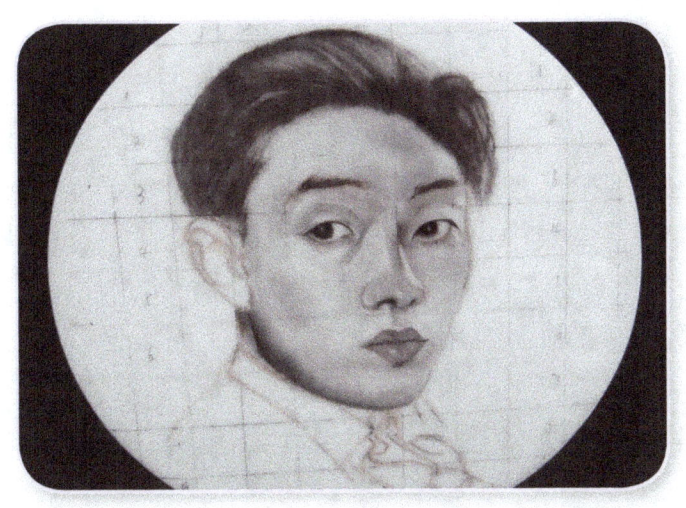

图 8-1　头发的明暗处理及与额头鬓角结合部的处理
头发与额头、鬓角结合部的明暗处理

接耳道。耳窝边有一块突出的小软骨耳屏。肖像画上严格地说应该看不到一根线条（毛、发除外），全部是由块面组成，不同明暗块面的交接就出现了线条。所以耳朵这小小的面积中，由于凸起、凹陷不少，就出现了明暗不同的许多变化，一定要耐心细致地处理。如耳廓右部较亮，左边及耳廓下部较暗，要用小号海绵笔轻轻过渡。由于耳廓是一层向里弯曲的软骨，所以下部就形成阴影较深的效果，必须小心处理。耳廓前部、耳屏及中间隆起的软骨以及耳垂所形成的耳窝如盆地一样陷在中间，所以右边受耳屏遮挡色泽就深，而左边又受到光照色泽亮淡，一定要细心处理深淡间的过渡变化。中间隆起的软骨突出部分可以留白，而背光面左边就暗，不能只是画一笔深色了事，而必须用小海绵笔过渡好，产生突出而又圆润的视觉效果。耳垂用灰色点涂，因为耳垂是一块有厚度且是圆形过渡的肉，所以它的边沿一定要用海绵笔处理出下面较暗，逐步过渡到淡的有厚实感的视觉效果。同脸庞及腮部接连处色泽较暗，外侧向下画出颈线。

（二）服饰的着色

先沿着颈脖线下（约与上唇线最高处同高）向右下连接腮部下直到下颌下方（左边鼻翼的垂直下方）画左边领子的上沿线，因为领口纽扣紧扣又系了领带，所以与右边的领子连接成一个向下弯曲的弧线。弧线中有喉线，色泽较深，仅有一条白边。再从原处向外向左下画出衬衫领的轮廓，然后画出被遮住的交界轮廓线，在脸腮部下的衣领上要用灰色揿出阴影。用淡笔勾出向右下的一根斜线。在衬衫衣领外再画出外衣的肩背部轮廓，是一根起伏的右上向左下的弧线。（图 8-2）再继续画出下颌下衣领、领带以及

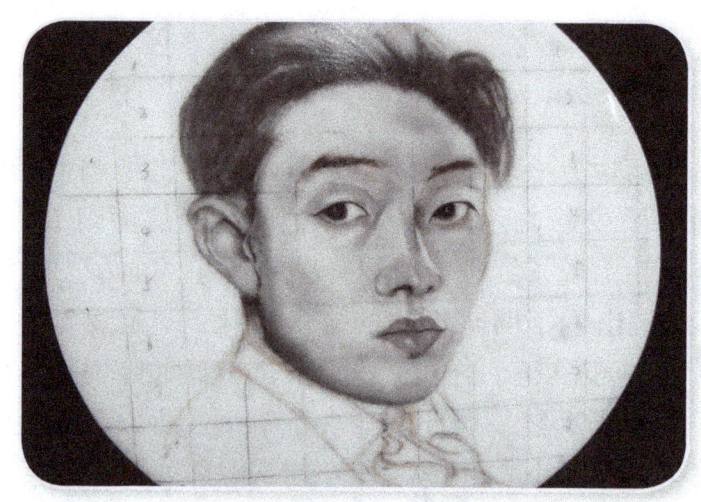

图 8-2　耳朵、腮部、领部的明暗处理

右边衣服轮廓。衣领中间的领带因为弯曲变形，形成了深淡变化强烈的视觉效果。注意按照画稿细心处理，其中有些需要过渡的部分用海绵笔耐心处理。右侧的衣服轮廓线条都用淡笔画。至此黑白肖像画稿全部完成。（图 8-3）

第八讲 初级彩色肖像画的瓷绘步骤三：完成黑白肖像

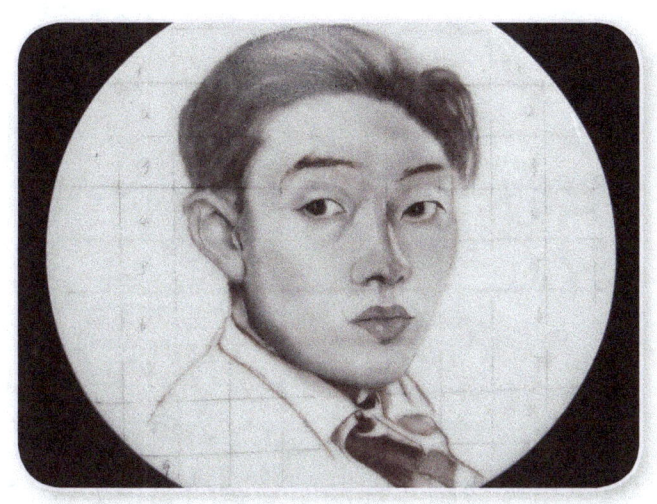

图 8-3　完成全部黑白肖像画

练一练：给黑白肖像画的头发、耳朵及服饰着色，完成黑白肖像画。

第九讲　初级彩色肖像画的瓷绘
步骤四：彩色处理

一、准备工作

着重观察黑白肖像画头部的明与暗的变化关系，以及服饰的色彩处理和背景的处理。

上色前黑白肖像一定要干透，不干则用吹风机吹干。

二、彩色处理

（一）把深赤色打好料分成深淡放在料盒内备用

（二）脸部的着色

由于脸部面积较大，并且是底稿未经烧制就上色，又需要大面积点氙，稍不留神很有可能出现反底反白现象。所以一定要等黑白肖像画干透才能铺色，而且上色时一定要严格把握好"一遍二干三快"的着色要领，来不得丝毫马虎和疏忽。否则前功尽弃、推倒重来。

1. 先在受光面及光点处用很淡的深赤色平涂（可用小号海绵笔），从额角右侧受光面开始点氙均匀，紧跟着用中号海绵笔在额头的大部分用稍深的深赤色点氙均匀。（图9-1）

紧接着上面额头下来用较深的深赤点氙眉和上眼睑的暗部，用淡深赤点氙眼睑右边的受光面及左边右眼上眼睑的较亮部，留出眼白。（图9-2）

第九讲 初级彩色肖像画的瓷绘步骤四：彩色处理

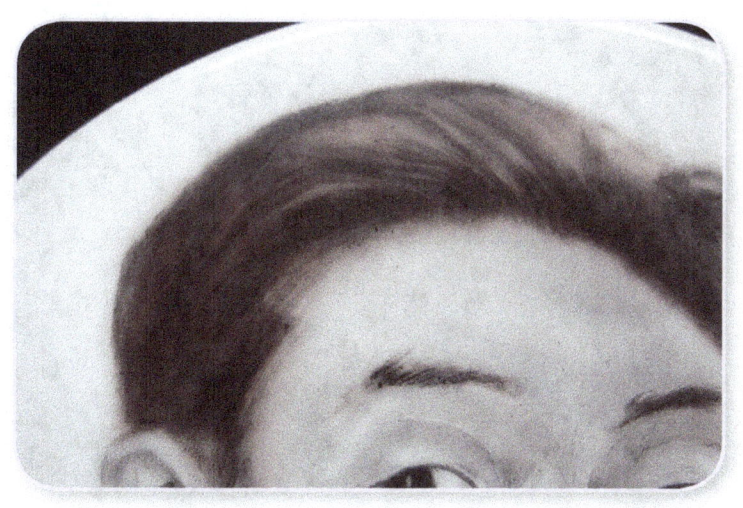

图 9-1 额头的着色

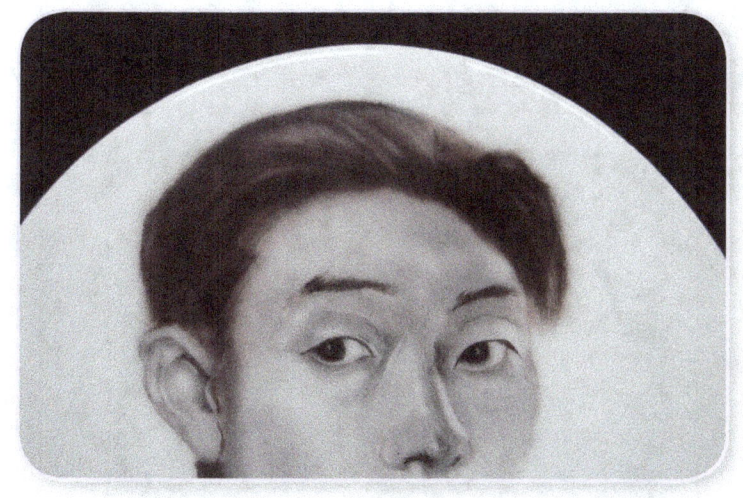

图 9-2 眉、眼睑、眼、鼻、脸颊的着色

2. 继续向下先在鼻梁的三处高光及反光点上用淡深赤点虱，随后鼻梁及左右脸颊用深赤点虱，左边较暗部在深赤点虱后，马上用暗绿稍加一层点虱均匀，使暗部色泽丰富些。（图 9-3）

3. 继续向下人中左右两侧及下巴上部偏左的较亮部用淡深赤点虱，然后立即紧跟着用深赤在上下唇、嘴的左右侧点虱出去，至

瓷绘工艺——肖像画技法

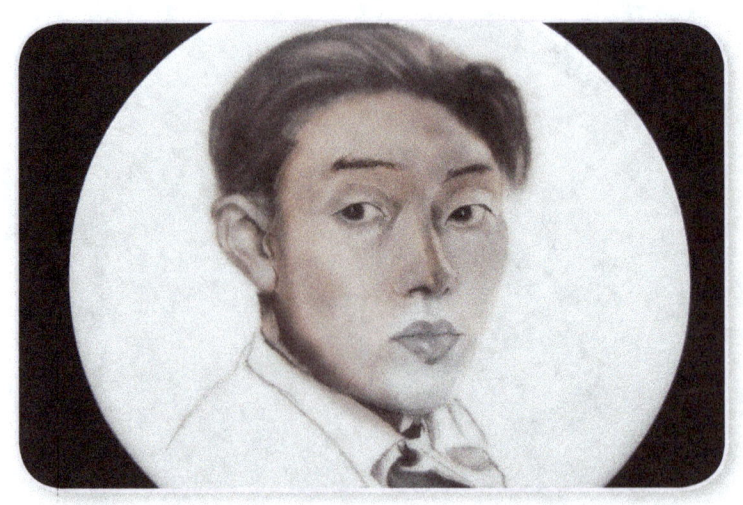

图 9-3　鼻梁及左右脸颊着色

左边最深处,同样在点丑均匀的深赤上立即加上暗绿点丑,必须同上面暗部的色彩匀在一起。(图 9-4)

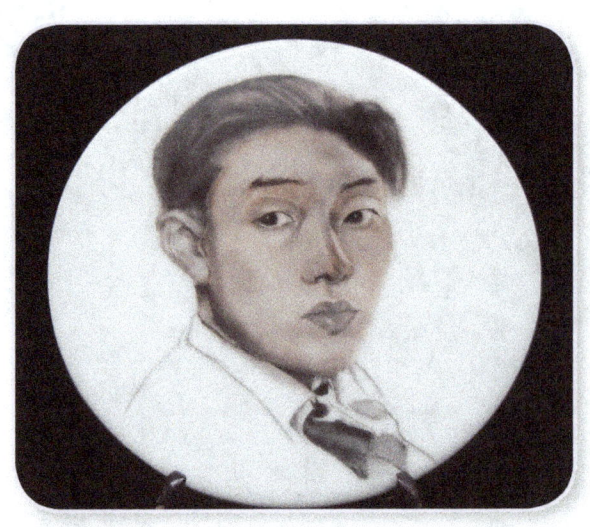

图 9-4　人中、双唇、下巴着色

4. 耳朵着色:亮处仍用淡深赤点涂,暗部用深赤过渡好,直至颈部,也要稍加些暗绿色点丑均匀。(图 9-5)

52

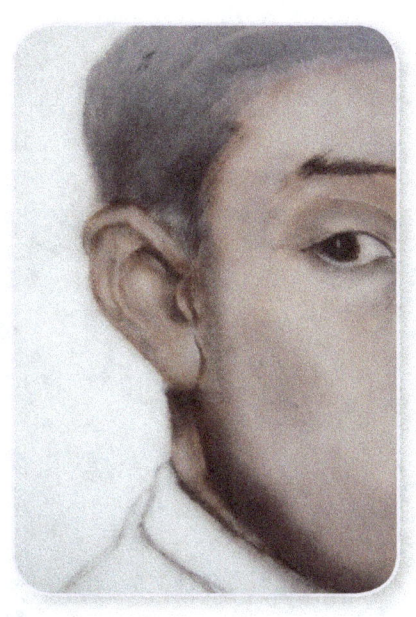

图 9-5　耳朵着色

（三）服饰的着色

从画面看衬衫穿白色是常见的，而外衣当然也有白色的，但为了让它分出层次来，所以外衣加些淡灰调浅蓝灰平涂，领带则用中性色咖啡色平涂。（图 9-6）

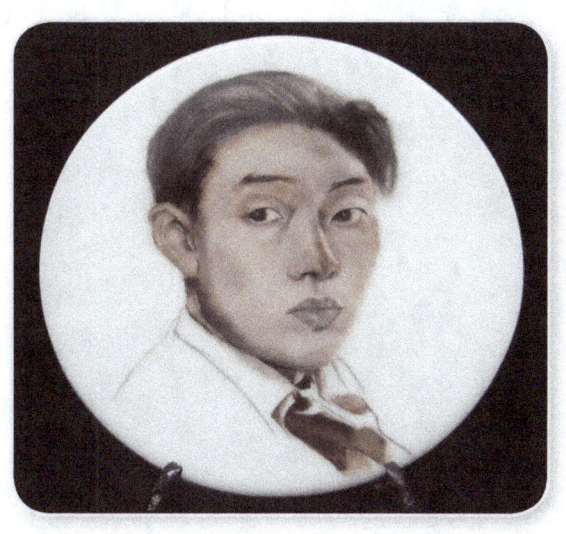

图 9-6　衣服和领带着色

（四）铺底色

用浓黄色调淡，然后用中、大号海绵笔把淡浓黄揿到很淡很匀为止。（图9-7）

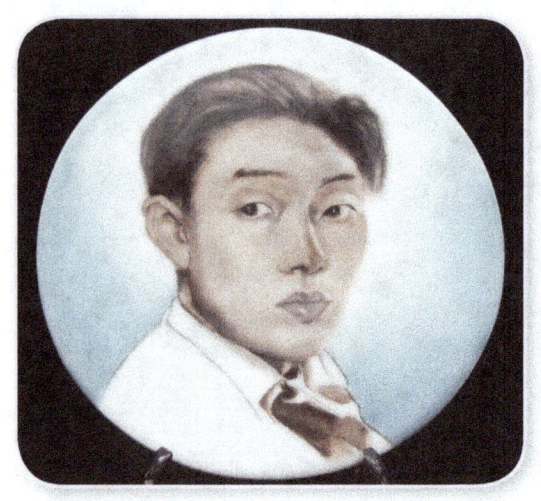

图 9-7　铺好的底色

至此，初级的彩色肖像全部完成。

练一练：尝试在黑白肖像画上加彩变成彩色肖像画。

高级彩色肖像画的瓷绘技法

第十讲 高级彩色肖像画的瓷绘案例《玉玉》肖像步骤一：放样和勾轮廓

这一讲开始我们要学习真正的彩色肖像画。在决定画彩色肖像画之前首先要选择一张合适的照片。一般来说，彩色肖像画开始先画儿童的最合适。因为儿童皮肤光滑柔软，用彩色来表现比较容易。所以我们也以儿童的照片作为题材来学习肖像画。儿童玉玉正面照一张。（图10-1）

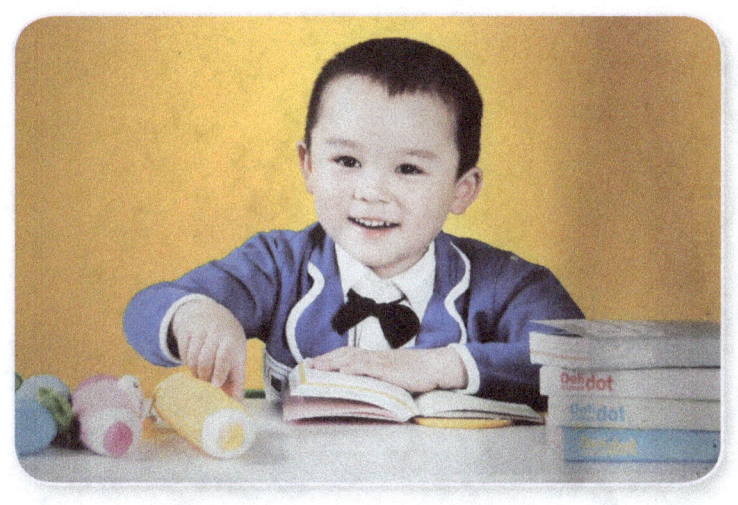

图 10-1　儿童肖像

一、打格子

有了照片后首先要决定画材的大小。如画在8吋的瓷盆或10

时的瓷板上,确定了瓷材的大小后如8吋瓷盆,把照片放大到20厘米。复印好一张黑白肖像。在这张黑白肖像上量出从头顶至下颌尺寸为12.7厘米,然后分成7格(头部长度的格子以分6~8格为宜)得到每格的尺寸为1.8厘米。有了每格的尺寸后就可以开始打格子了。先在鼻子中间画一根垂直的中心线,再以中心线为准用三角尺在眼睑的位置量出90°直角画一条与中心线垂直的横线。这样画出的横线都不会与五官的横线条重叠。再以每格1.8厘米的长度向上向下分别在中心线上点出向上4点、向下5点;然后以横线为基准在中心线左或右都可以,仍以1.8厘米为基准向上量出4格,向下量出5格。把中心线上的点与对应的点相连,画出7根平行线(共8根横线)。(图10-2)再以1.8厘米长度为基准在最上一根横线及最下一根横线上向左量出3格,向右量出4格。量格点点时笔尖要尖细,要在刻度边垂直点下去,眼睛也要垂直对准刻度段,这样点出的点精确,画出的格子标准,画出的肖像也就像了。

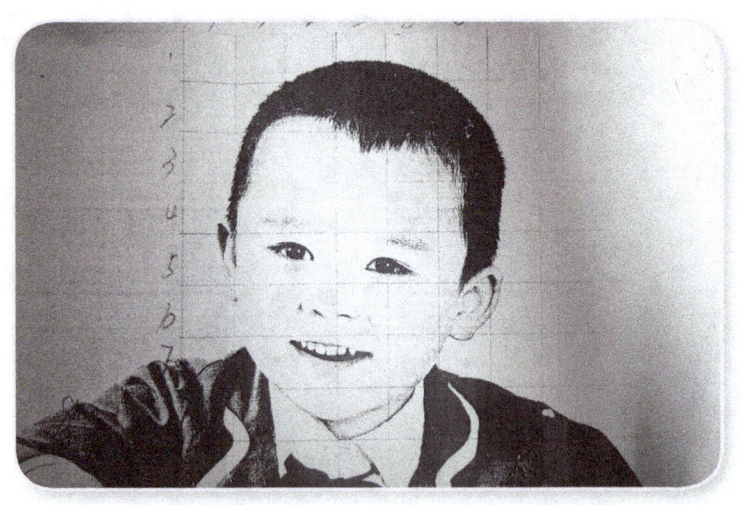

图10-2 在画稿上画出的平行横线

瓷材上打格子(事先在瓷板上揩一层薄薄的樟脑油),因为是一比一比例,所以不用再计算了,只要在瓷材上(瓷板)的适当位置(一般上边多空一点,下边少空一点,这样构图比较稳,不会头重脚轻)起笔即可。先画一条横线(上部),然后用角尺以每格1.8厘米的长短向下画出垂直的平行线8根。(图10-3)再在平行的垂线两边分别从上至下1.8厘米的长度向下点出9格,把相对应的点相连,格子就完成了。(图10-4)

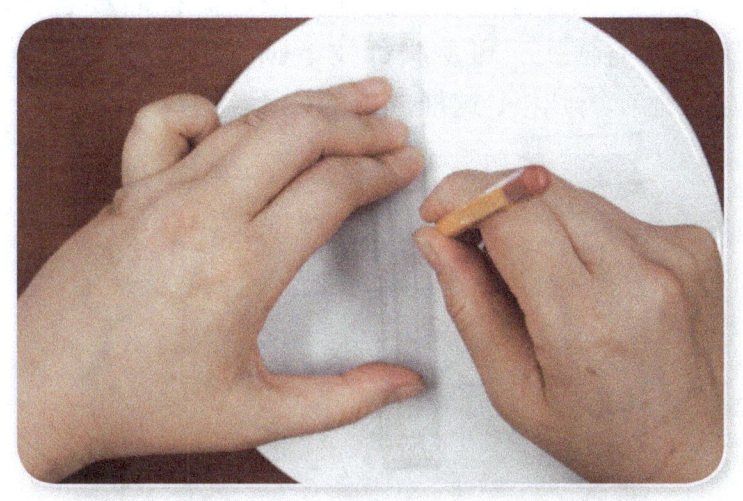

图10-3　画出所有竖线打出所有的格子

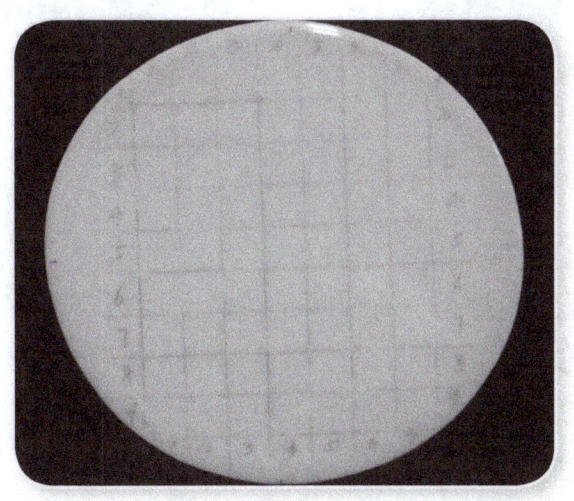

图10-4　瓷材上打出相同的格子并编号

二、放样

放样即根据黑白样稿把肖像用铅笔定位在瓷板上，这时的精确度不一定很高。放样前纸稿和瓷板上的对应也从左到右从上到下两边对应地编上格子的编号1~8（或1~7）这样放样勾轮廓时便于寻找，不至于数错格子而画坏肖像。放样时要看得清楚些，可以用HB铅笔画线。可从头部往下画，纸稿上在第几格，在瓷板上也对应地在第几格，这样放出的样不会错。（图10-5）

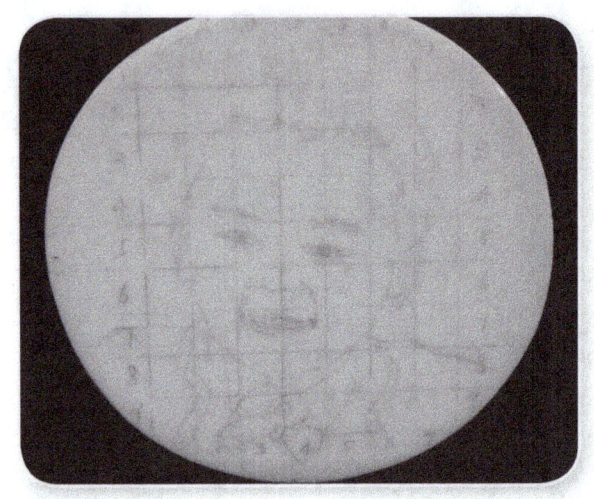

图10-5　在瓷材上放好样

三、勾轮廓

这一步工作很关键，是画好肖像画的基础，人物形象是否精准，造型是否形似神似，勾轮廓是关键。所以观察必须细致，落笔要准确。勾轮廓一般是用很淡赭色勾线（把赭色调得很淡），淡赭色勾轮廓着色时可融合在脸部的肤色中，因为五官的色相一般都比淡赭色深（眼、鼻孔和嘴可深些，前两者可用赭色加点艳黑勾），也是从头部头发开始勾轮廓线，接着勾眉、眼、鼻、嘴、耳、脸庞，除眼珠、鼻孔、嘴角可深些，其他均比较淡。（图10-6）接着再勾

脖子、衣领、衬衫、领结及浅蓝灰色外套。(图10-7)

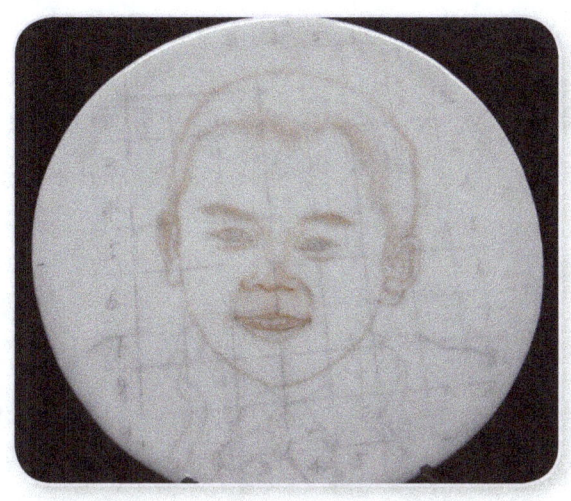

图10-6　用淡赭色勾轮廓

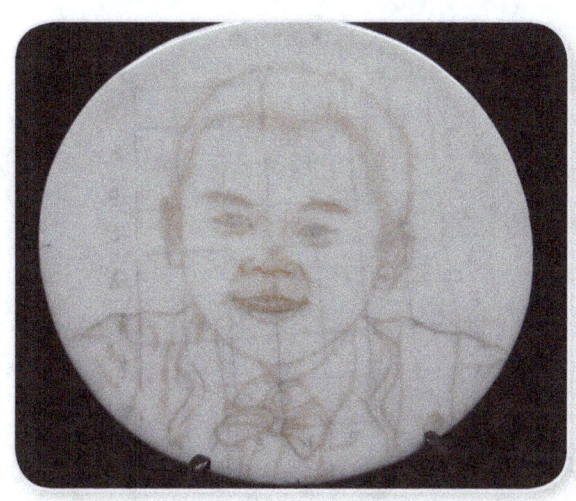

图10-7　勾好全部轮廓

至此,肖像的轮廓完成了。

练一练：尝试彩色肖像画打格、放样、勾轮廓的各个流程,细心精确地做好前期工作,确保后期彩色肖像能圆满完成。

第十一讲　高级彩色肖像画的瓷绘案例
《玉玉》肖像步骤二：脸部彩底

一、读画

认真细致地观察所画肖像《玉玉》脸部的明暗变化以及脸部五官的特征造型特点所产生的明暗变化。

二、《玉玉》肖像画的脸部彩底

彩色肖像画的脸部彩底流程是表现肖像立体效果的重要环节。它和勾轮廓环节一样是肖像画像不像的重要保证。所以必须耐心细致地处理好明暗的每一个块面。

（一）必须有充足的时间保证。没有足够的时间宁可不画；要画就一定要在一个时间段完成彩底步骤，也就是着色。

（二）从额头开始，用西赤色调淡后点涂，随后立即用中号彩笔点虬，让额角的左边及中间偏右处有两块大小不一的突出部（留白）。额头中间及两侧稍深些，与头发接壤处则用赭色、淡灰过渡。（图11-1）紧接着用淡笔勾画眉毛，由内向外依次画出，注意眉毛的造型。眉上眼睑中间隆起两侧较暗，可用赭色、灰色过渡，使上眼睑中间下部较高，两侧较低。眼睑下方即双眼，用艳黑勾出双眼皮及眼珠，中间要留出高光点，下眼睑是条淡淡的痕迹。（图11-2）随后眼下是脸颊用稍深一点西赤点涂，用彩笔采匀。鼻梁左侧留一条白，颧骨左侧也要留出高光点。鼻梁用西赤及赭色

第十一讲 高级彩色肖像画的瓷绘案例《玉玉》肖像步骤二：脸部彩底

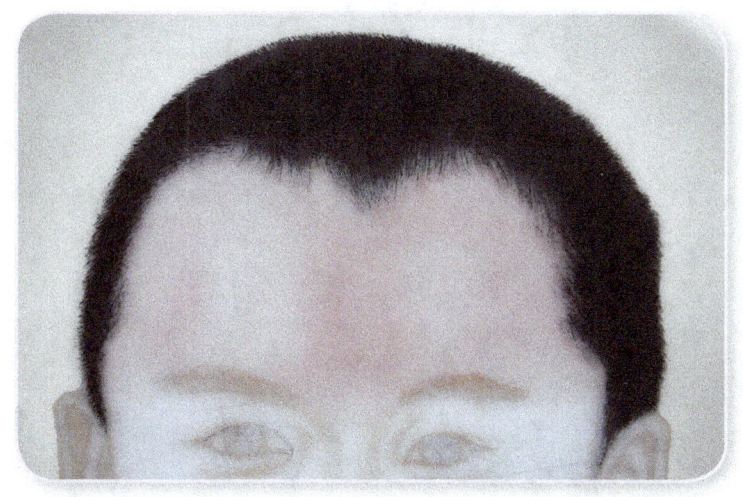

图 11-1　额头彩底

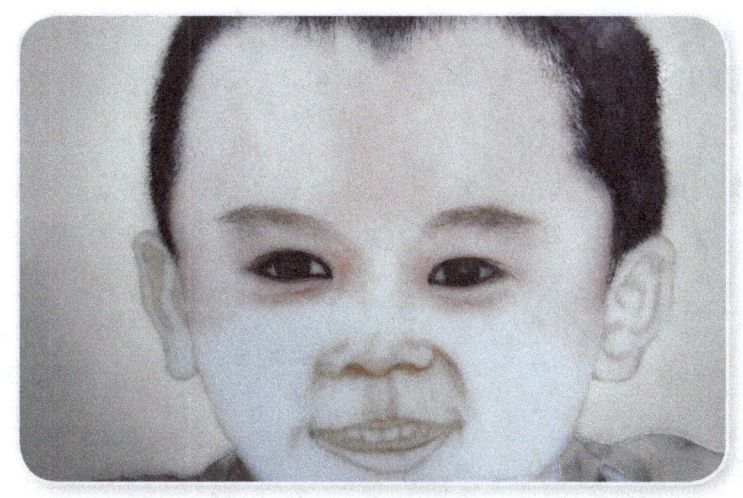

图 11-2　眉毛、眼睑及眼部彩底

揿淡过渡，鼻窦下方稍深，两鼻孔朝下，鼻孔用艳黑勾出。鼻翼两侧各有一条沟痕，用西赤和赭色过渡好。（图 11-3）鼻子下人中用西赤揿匀，人中左侧是一条由鼻梁左侧延伸下来的受光面，嘴唇左上方也留白。嘴巴微微张开露出上面一排牙齿，牙齿和下唇间还留有一条空隙可用赭色及艳黑填涂，下唇左上方同上面延伸下

瓷绘工艺——肖像画技法

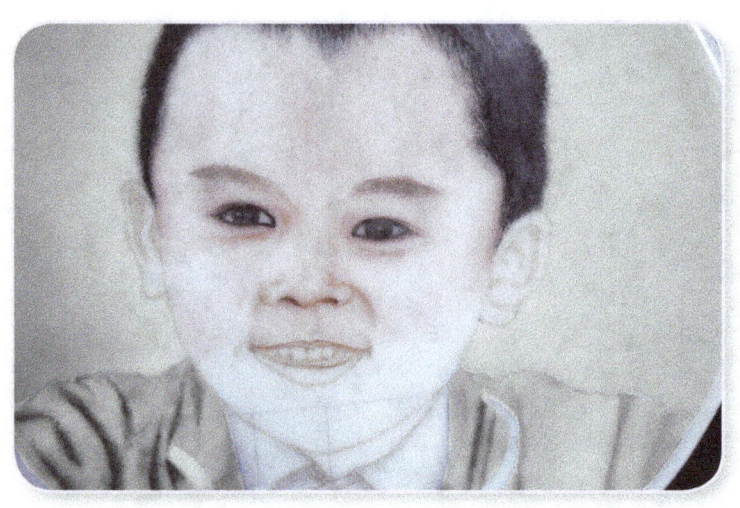

图 11-3　脸颊部、鼻子彩底

来的受光面一样要留出光点。嘴角微微向上用艳黑及灰色点涂揿匀。下唇用稍深的西赤点涂。下唇的右下方还有一条反光带，连接左侧的高光带。脸颊用西赤色点涂后向两边匀至腮部，左边腮部稍暗处用赭色过渡到灰色。（图11-4）最后画出左右两边的耳朵及下巴。右边的左耳因看到全貌，注意过渡要自然。耳廓、耳窝

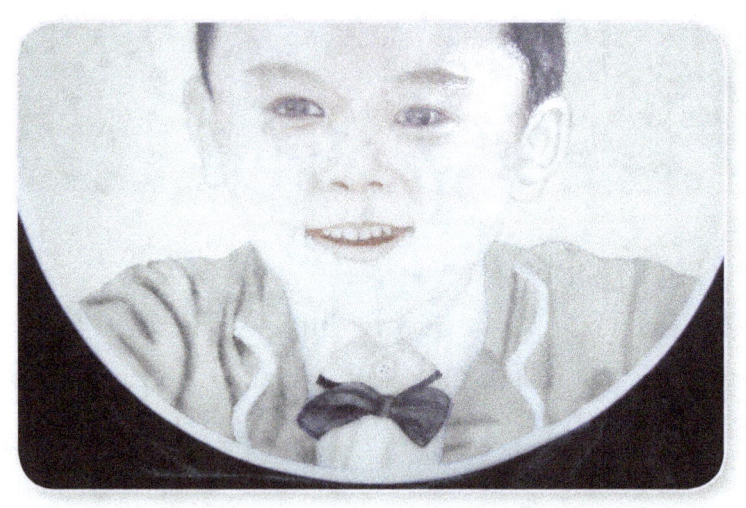

图 11-4　人中、嘴及腮部彩底

及耳垂分别用西赤、赭色及艳黑做好过渡。下巴除下唇左上方是受光带留白，西赤点涂后向左右上下过渡，下嘴唇中间有些凹陷，色泽稍深，必须过渡好。下巴、脸颊腮部向下过渡到赭色到艳黑必须过渡好。左边耳朵看到较小，同样要处理好圆形造型的过渡。（图11-5）

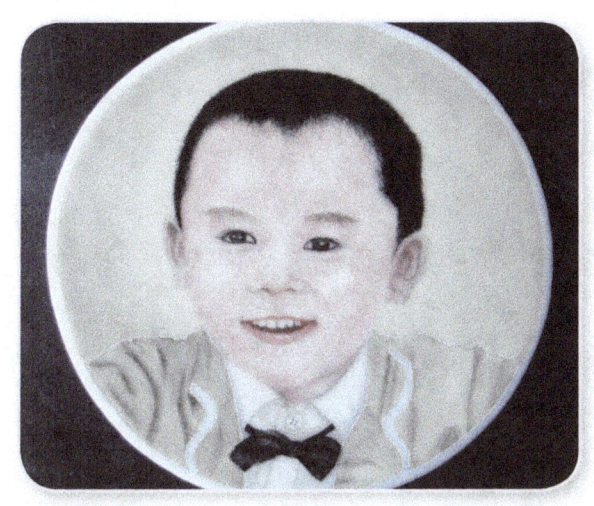

图11-5　耳朵、下巴的彩底

练一练：尝试彩色肖像的脸部着色技法，完成儿童脸部着色。

第十二讲　高级彩色肖像画的瓷绘案例
《玉玉》肖像步骤三：彩色处理

一、读画

认真细致地观察儿童彩色肖像画，头发、服饰式样及各部分明暗变化的关系，并考虑好达到彩色照片视觉效果的技法。

二、彩色肖像画的瓷绘技法

（一）头发的勾画

因为面部的着色已经一个星期了，基本都已干透，所以在画头发前必须在已经干透了的面部色彩边沿用较淡的赭色在外侧涂一笔，注意不要覆盖到已经干了的色彩。再稍稍用海绵笔揿匀。不待颜色干就按头发生长的方向画头发，靠近与面部交界处用淡墨勾画，然后深笔交替画出短而直的发丝。因为孩子头发硬而短，画到头部外沿时应看出一根根的短发。（图12-1）

（二）服饰的着色

从颈下衬衫领开始，领子留白，领子下受背光的影响用灰色点涂，有深有淡，注意过渡。衣领的上沿和衣领转折处要用灰色过渡，下沿与外衣交接，左边有一条明显的深线。右侧除一条明显线条外，还有衬衫下沿的淡淡的阴影。领下正中有一黑色领结，用艳黑点涂。受光的正面可用海绵笔轻轻揿匀，减淡色度。（图12-2）

第十二讲 高级彩色肖像画的瓷绘案例《玉玉》肖像步骤三：彩色处理

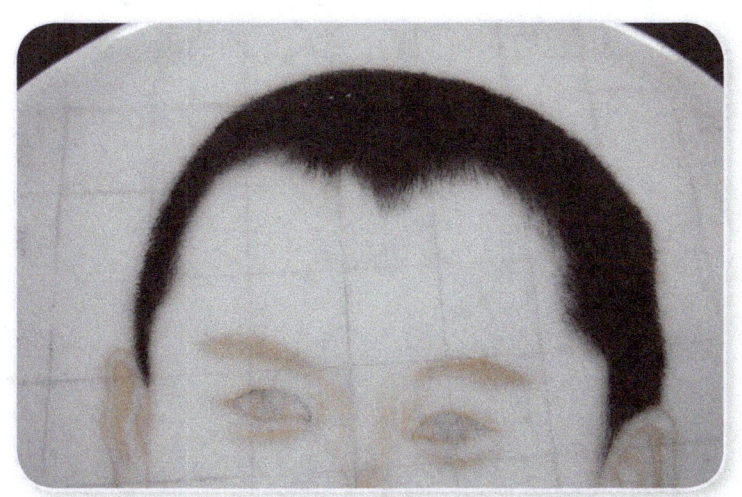

图 12-1　头发的勾画

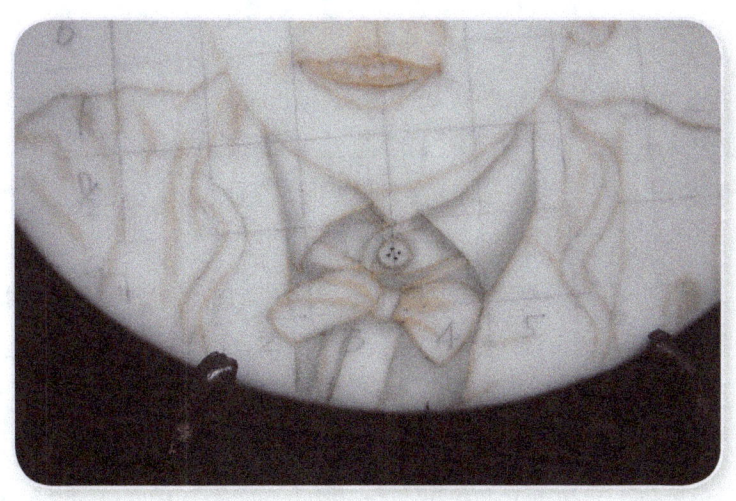

图 12-2　衬衫、衣服的着色

接着先着左边的衣服色彩。左边肩部连接左脸腮部的外衣领和肩部阴影很深，衣领带有一条稍宽的白边，白边的左边则是左边的肩部和左边衣服的衣褶，有明有暗。注意明暗之间的过渡。白边的右侧是衬托白边的衣领阴影，衬出它的明暗过渡。（图12-3）

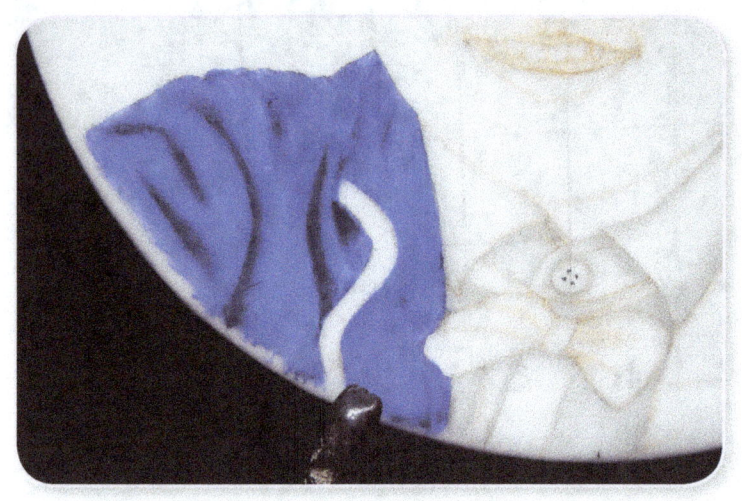

图12-3　左边衣服的明暗处理

再画右边的衣服。衣服上因背光而出现一大片阴影，把艳黑点涂后逐步点匀。留出衣领的白边。白边两侧用不同深淡的黑色、灰色衬出。右边肩部最高部靠近衣领白边处最深，然后向右向下逐步用海绵笔过渡到淡。（图12-4）

再从前胸部向下延伸成中间低两边高的圆弧形。（图12-5）

把衣服上的明暗先处理好，等干透后再给衣服上色。这样视觉效果好。而且瓷用颜料有这样的特点——没有覆盖能力，所以黑色在烧好后仍会显露出来。用吹风机把衣服的明暗色块快速吹干，待确认完全干透后可立即给衣服上海碧蓝色。（图12-6）

然后再从四周外围涂起（涂浓黄色），再用大号海绵笔轻轻向里点匀揿匀，使其越靠近肖像越淡，直至留些白色的空隙。（图12-7）

第十二讲 高级彩色肖像画的瓷绘案例《玉玉》肖像步骤三：彩色处理

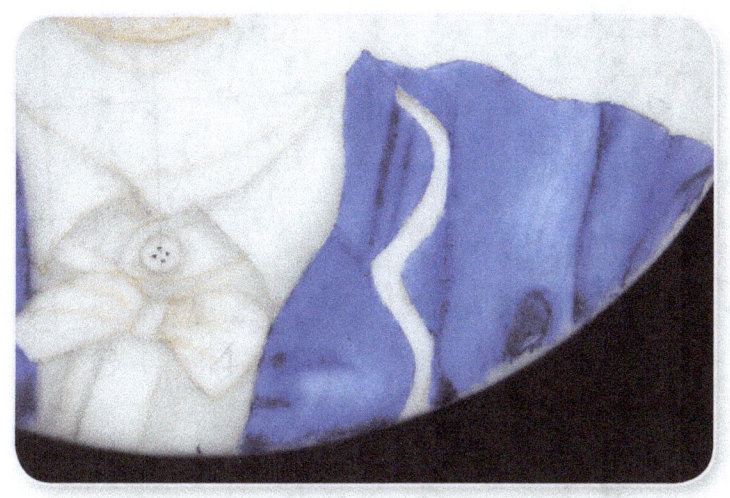

图 12-4　右边衣服的明暗处理

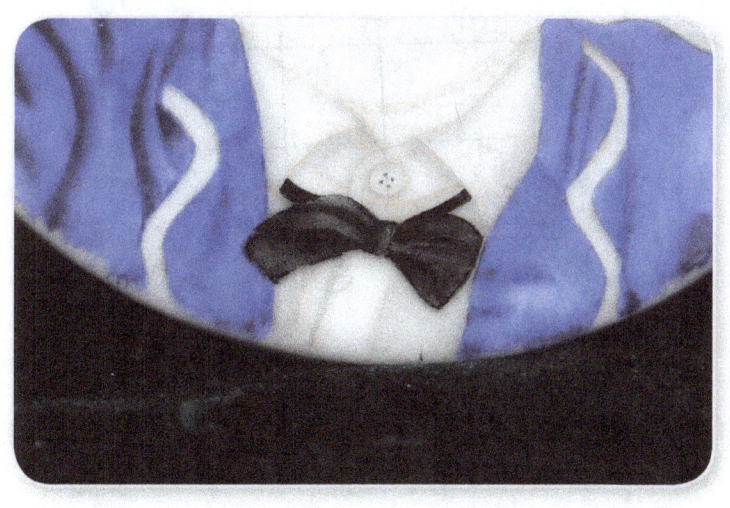

图 12-5　处理前胸至下部圆弧形明暗

瓷绘工艺——肖像画技法

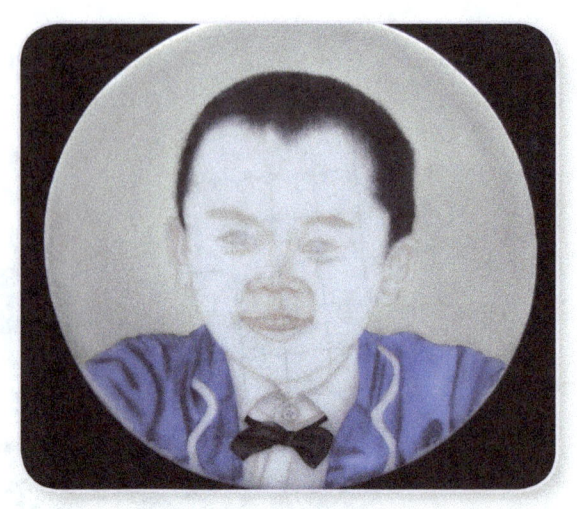

图 12-6　吹干衣服明暗，用海碧蓝着色

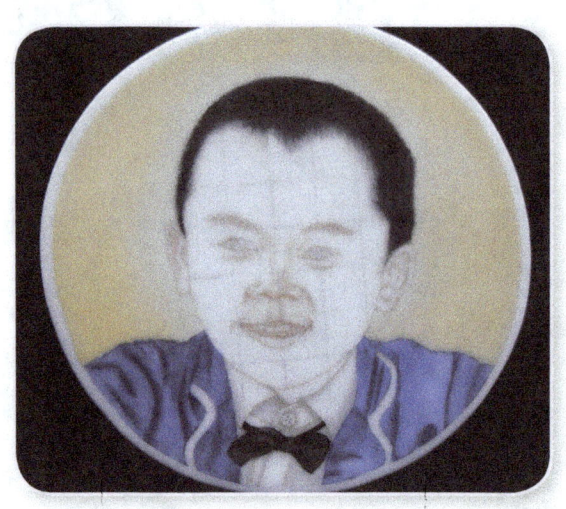

图 12-7　用浓黄色由外向里渐次变淡至白铺底色

最后用棉花与餐巾纸，大拇指揿住棉花，食指抵住瓷板边旋转瓷板一圈，一条整齐光滑的白边就出现在瓷板的外圈，视觉效果极好，这就是揩边的技法。（图 12-8）

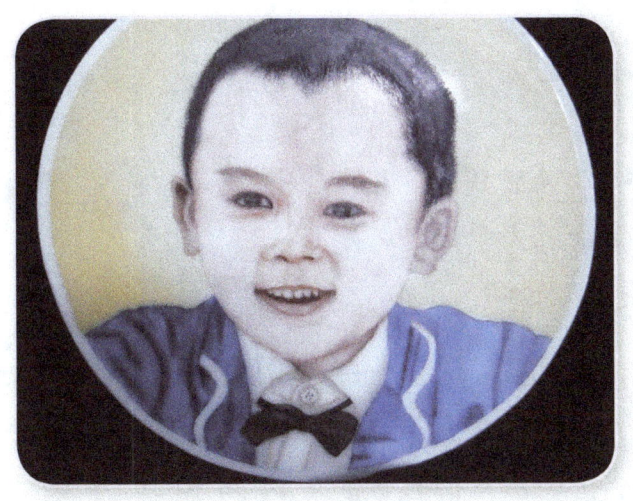

图 12-8 揩边

至此，第一幅真正的彩色肖像画完成。

练一练：尝试着把服饰着色，铺大面积底色，以及学会揩边的技法。

第十三讲　高级彩色肖像画的瓷绘案例
《泮泮》肖像步骤一：放样和勾轮廓

一、画前准备

（一）准备彩色肖像画《泮泮》（图13-1）的彩色样片及与画材所需肖像大小等同的黑白画稿样各一张。

（二）三角尺一副，直尺一把，拷贝纸一张（16开）。

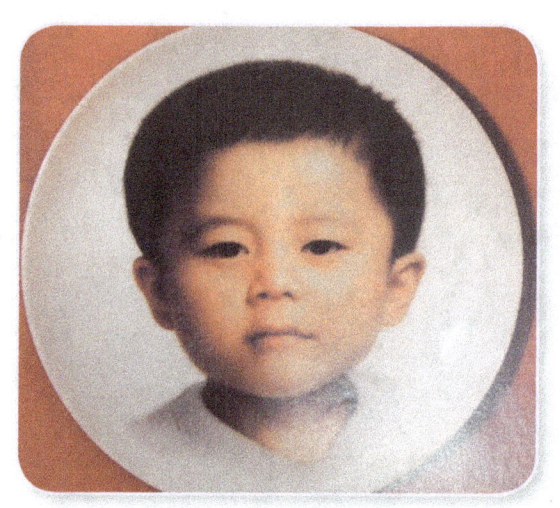

图13-1　泮泮肖像

（三）HB、2H铅笔各一支。

（四）瓷材：瓷板（或瓷盆）一块（8吋为宜）。

（五）准备赭色色块及相应的彩色线描笔一支。

（六）纸刮、刮笔、棉签等辅助工具及材料备用。

二、打格子

在肖像黑白稿上量出头部的长短（从头顶至下颚）为 13.4 厘米，然后分成 7 格，每格应是 1.9 厘米。（具体方法略。见第十讲"打格子"部分。）（图 13-2）

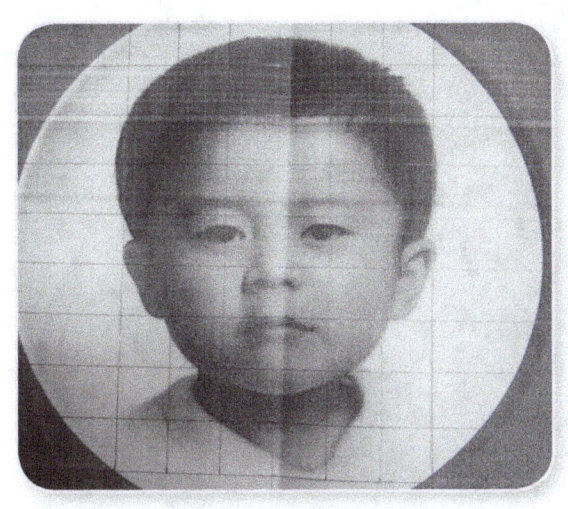

图 13-2　黑白画稿打好格子

在瓷材上打格子，如果遇到瓷盆，那么就不能在瓷盆上用直尺及角尺，只能改变方法：先在瓷盆上揩上薄薄一层樟脑油，待干。再用一张半透明的拷贝纸（没有现成的拷贝纸可用以前单位的信笺纸，也是半透明的代用）打上同黑白肖像稿同样的格子，用 HB 铅笔打格子（一定要十分精确，每一格正方形，四角都应是 90°直角）。（图 13-3）然后把拷贝纸反过来覆在瓷盆的适当位置（即上边多空一点，下边少空一点）用玻璃胶固定好。（图 13-4）左手揿住拷贝纸边沿，右手用大拇指甲反过来在每一根线条上刮过（也可以用硬又光滑的圆笔杆来刮）直到所有线条依次刮过一遍（图 13-5），千万不可遗漏。为防意外，可先在右边揭开玻璃胶纸看看，检查一下，确认无误后揭开所有胶水纸，这样由铅笔画出的精确的格子反印到了瓷盆上。（图 13-6）

瓷绘工艺——肖像画技法

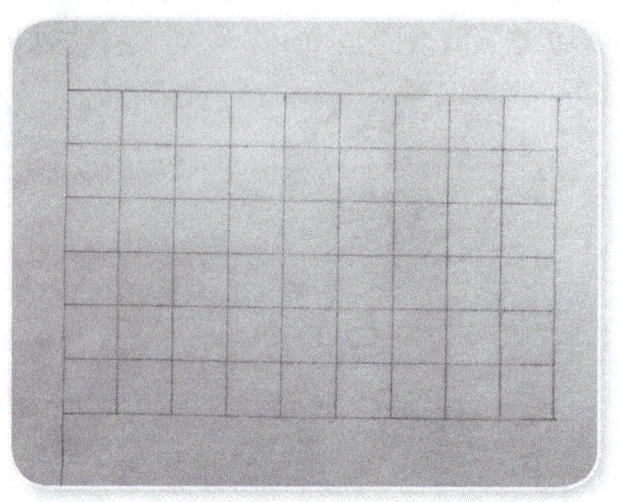

图 13-3　在拷贝纸上打好格子

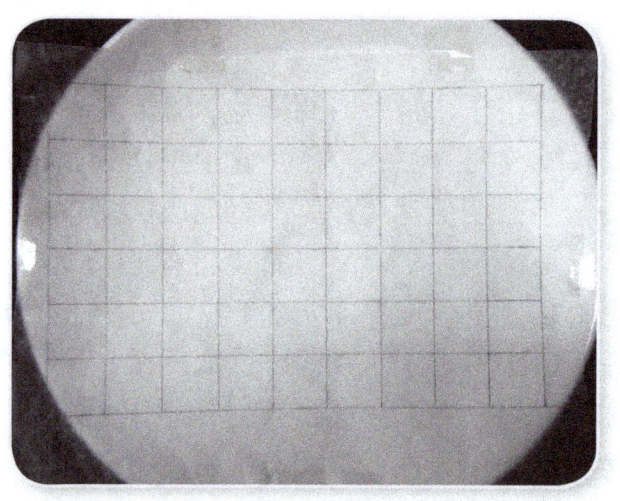

图 13-4　固定在瓷盆上的拷贝纸

第十三讲 高级彩色肖像画的瓷绘案例《泮泮》肖像步骤一：放样和勾轮廓

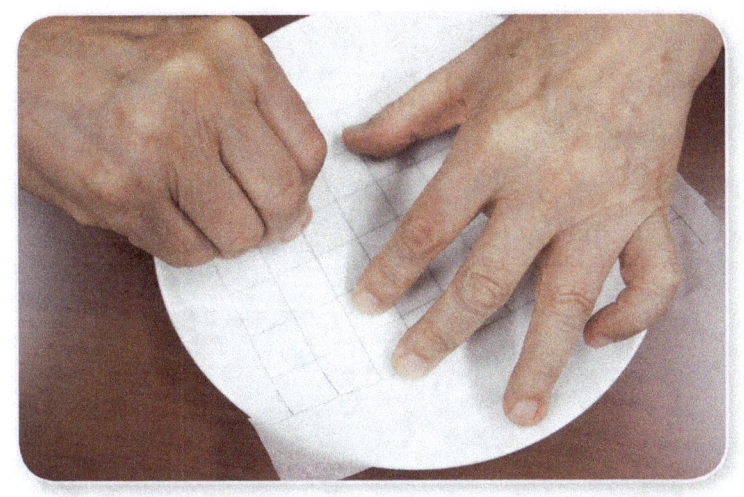

图 13-5　用指甲刮出格子线条

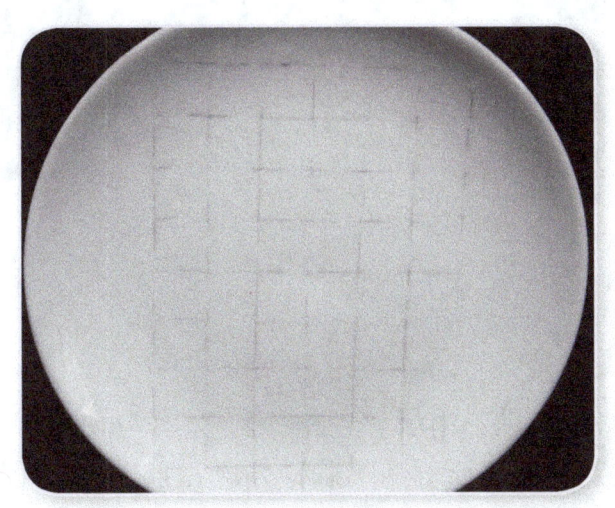

图 13-6　覆在瓷盆上的格子

三、放样

第一步先在黑白稿的左右上下的格子间自上而下、从左到右分别标上 1~9 及 1~6 的数字。同样在瓷盆上也对应地标上 1~9 及 1~6 的数字。

开始放样,对准格子从头部开始逐一画出头发轮廓、额头、双眉、双眼、鼻子、嘴、双耳、脸颊、腮部和下颏的轮廓,然后勾颈项、衣服。放样可用 HB 铅笔来勾勒。(图 13-7)

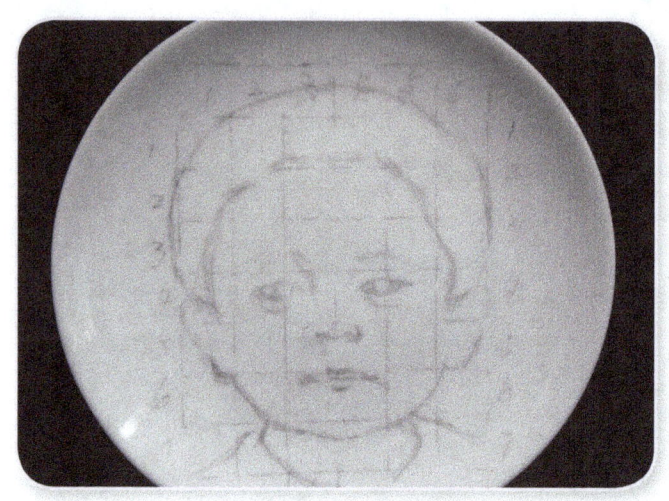

图 13-7　放样铅笔轮廓

四、勾轮廓

先把赭色调淡,用淡赭色逐一精确地勾勒出泮泮的肖像,观察、分析、判断出各部位,准确地勾勒出脸部各器官的准确线条。对放样时的线条可以修正。这时的线条必须十分精确,而且必须十分耐心细致地一根根一笔笔慢慢勾出,直至全部画好为止。(图 13-8)

第十三讲 高级彩色肖像画的瓷绘案例《泮泮》肖像步骤一：放样和勾轮廓

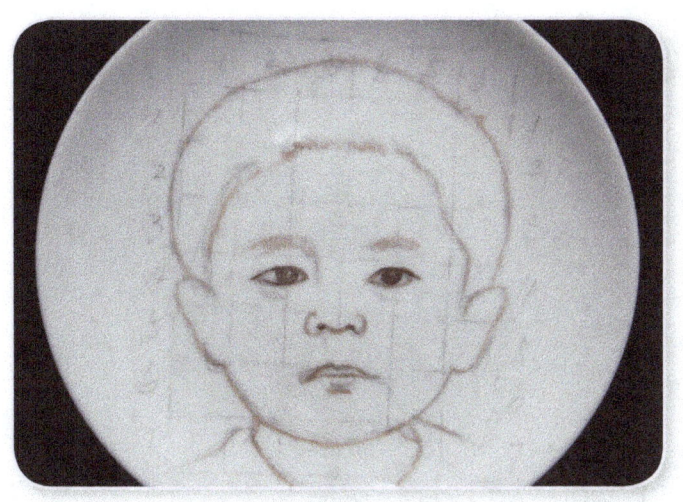

图 13-8　用淡赭色勾出轮廓

练一练：细心耐心地画出《泮泮》的肖像轮廓。

第十四讲　高级彩色肖像画的瓷绘案例
《泮泮》肖像步骤二：脸部彩底

一、读画

认真、仔细地观察泮泮肖像的五官造型明暗变化以及色彩变化等细节，以达到最好的视觉效果。

二、《泮泮》肖像画的脸部彩底

和前面几个肖像画一样，一定要在同一时间段里完成脸部着色。《泮泮》的肖像画是右上方来的光源，所以高光部在额头的右上角鼻梁骨的右侧、右边颧骨的上部等处。彩底时必须把这些部分处理得十分自然。

（一）额头和眉的彩底

先从发际线及额头与头发交接处开始用西赤在额头中部和右边点涂，用彩笔把额头色彩揿匀，并在额头右上角的高光部和右边眉毛两端上方两小块高光部向外点涂淡西赤色。额头中间较淡向两侧逐渐加深，近头发交界处用赭色加一笔后揿匀；额头向左，西赤色逐步加深，至左边眉毛上方可加赭色过渡，再向左边添加艳黑揿匀过渡。（图 14-1）右边眉毛用淡笔一根根由内向外画出；左边眉毛要比右边深，可用深笔一笔笔由内向外画出。（图 14-2）

第十四讲 高级彩色肖像画的瓷绘案例《泮泮》肖像步骤二：脸部彩底

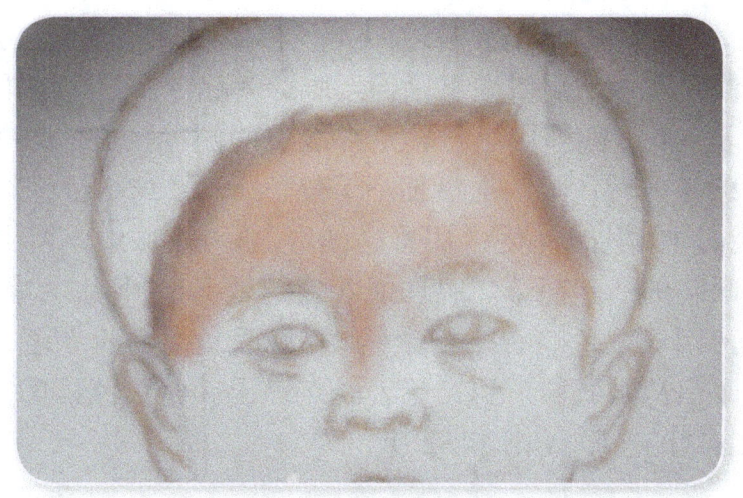

图 14-1　额头的彩底

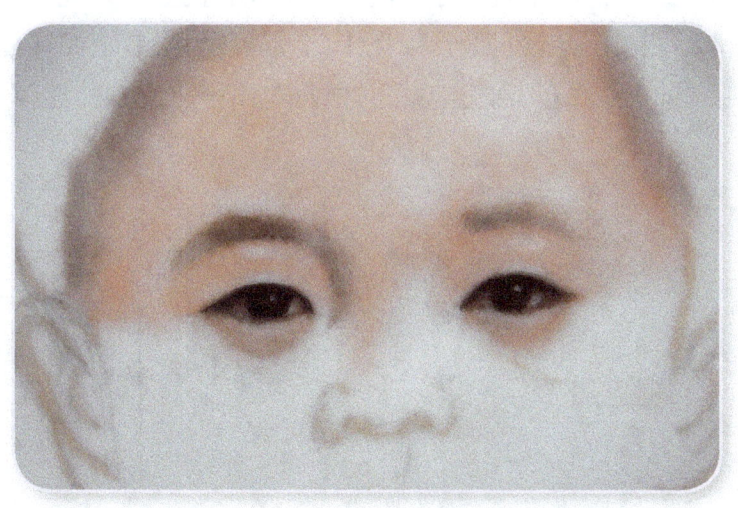

图 14-2　眉毛的勾画、眼睛和眼睑的彩底

（二）眼睛及上、下眼睑彩底

上眼睑不管左右，一个共同的规律是中间眼睑隆起处淡，两侧较深，并且左侧比右侧深。左边上眼睑总体上比右边上眼睑要深，左边上眼睑中部向左逐步加入赭色到眼睑最左边还要加艳黑。左边上眼睑右侧从眉线向下延伸至眼旁为赭色。左边的眼睛上眼线用深笔勾出，随即用小号彩笔在线条两侧轻轻点氽，使眼睑产生厚度感。随后在眼线上沿加一笔赭色，下眼线用赭色勾勒则用西赤点涂，再稍加些赭色，用彩笔氽匀，并在下眼线下留出一条淡淡的下眼睑的凸起部分。眼珠能看到的是下半圆形，左侧眼白因背光的原因成灰色略有些西赤色，左侧眼角内呈西赤色，右上部眼线下眼白从眼线往下用彩笔轻轻点氽出一些灰色；再用同样方法画出右边的左眼。（图14-2）

（三）鼻、嘴和脸颊彩底

顺着眼窝边上鼻梁左用西赤加赭色点涂，彩笔点氽均匀。向两侧过渡均匀，再以赭色稍加艳黑勾画出左边鼻翼轮廓，用小号彩笔向鼻翼右侧逐步过渡至鼻孔上方鼻翼隆起部分加些西赤过渡均匀。接着同上面鼻梁左边赭色稍加些艳黑连接画至鼻窦底部，

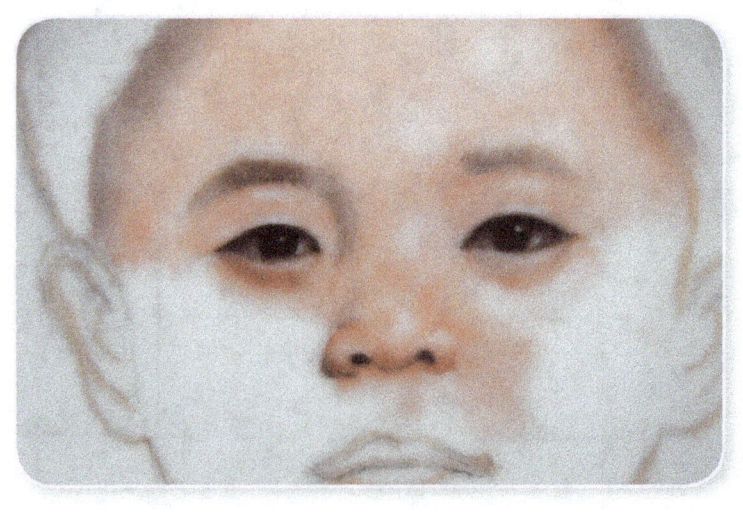

图14-3 鼻的彩底

并在右侧用彩笔乱匀，在鼻窦部最高处有一亮点（要留白），鼻梁右侧用西赤彩乱均匀，右边鼻翼隆起部分撅得很淡，鼻孔边西赤加赭色彩乱过渡。鼻孔用艳黑点涂，边沿转折处彩笔轻乱过渡。（图14-3）

　　沿着鼻孔下人中处点涂西赤，左边鼻孔下西赤加赭色点涂后撅匀。上唇中间用西赤点涂随即加上赭色至唇线加上艳黑，左边嘴角处阴影较大，须细心过渡。下唇右上部有一光点，四周涂以西赤过渡；左边用西赤加赭色过渡好，右边嘴角处稍加赭色点乱。（图14-4）紧接着先处理右边脸颊。右边眼下有一片高光部，在

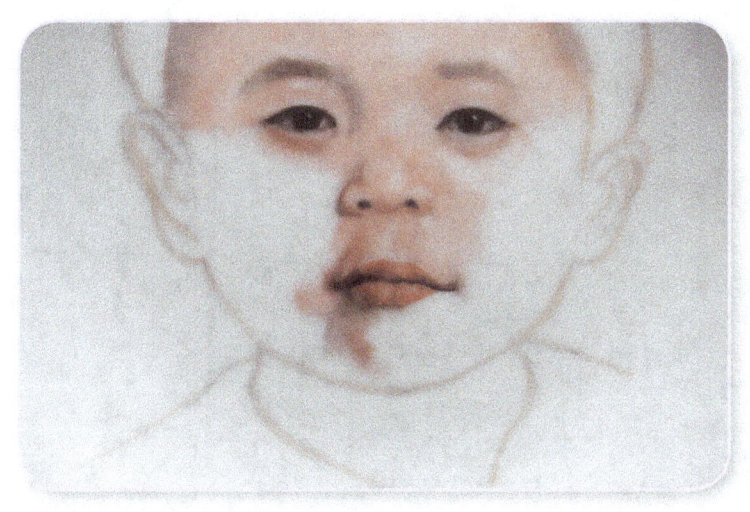

图 14-4　嘴的彩底

其下方一周点涂西赤，至嘴角边的腮部，用彩笔点乱均匀后立即在靠近脸庞轮廓线内侧点涂赭色，并点乱过渡。顺势而下，右边腮部添加少量黑色后过渡至赭色、西赤，再向左是下唇右下方下巴的隆起部较淡，用西赤撅到很淡。再向左连接左边的下巴较暗，下巴最下方有一条反光带，左边的脸庞很暗，所以可以在左边眼睛下方开始先点涂西赤，逐步向左加深再点涂赭色，最后再加艳黑用彩笔逐一点乱出明暗过渡的视觉效果。最后画双耳。左边耳

朵很暗,可用赭色点涂,稍亮处加西赤,较暗处加艳黑,点涂出立体效果;右边耳朵可用西赤点涂,较亮处撇得重点色相淡点,较暗处加赭色,最暗处加艳黑,处理出立体效果。

至此,脸部彩底全部完成。(图14-5)

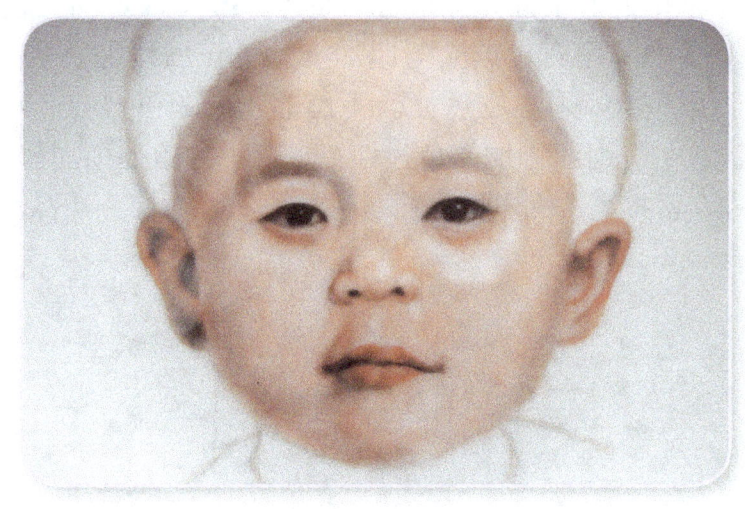

图14-5 完成脸部的彩底

练一练:完成《泮泮》的脸部着色。

第十五讲　高级彩色肖像画的瓷绘案例
《泮泮》肖像步骤三：颈部、服饰彩底

一、读画

仔细观察《泮泮》的头发与脸部交接处的色彩过渡的细微变化。颈脖的强烈明暗变化过渡的处理和衣服背景的铺色等。

二、《泮泮》肖像画的颈部、服饰彩底

（一）颈脖的彩底

颈脖的明暗变化很大。左边几乎全部黑色，其中也融入了赭色和西赤逐步向右边淡去。沿腮部、下巴线下又逐步向下方成圆弧形淡去，形成头部在颈脖处的阴影带，再下面连接上胸部用西赤与其交接过渡。（图15-1）

（二）服饰的着色

用很淡的蓝灰色画衣服。左边衣领稍深，从后向前逐步点丑过渡，领圈处较淡，然后以淡蓝灰一直把它涂满整件衣服，右边肩部稍深，逐渐向前淡去。衣领则以艳黑加赭色勾勒后用小号彩笔向两侧过渡。（图15-2）

（三）头发的着色

头发与面部、额头交接处用赭色点涂后彩笔丑匀，用艳黑画头发，中间浓密处可大笔触平涂，待画到与额头和鬓角交接处需点丑虚松。头发外轮廓边缘除点丑虚松，再用深且干的笔一笔笔

画出短发,额头处短发稍长,注意观察分辨。(图15-3)

(四)铺底色

可用绿灰色(皮色)调淡后,从盆边部点涂,然后用大海绵头向头部四周过渡,最后使其虚到白色。(图15-4)

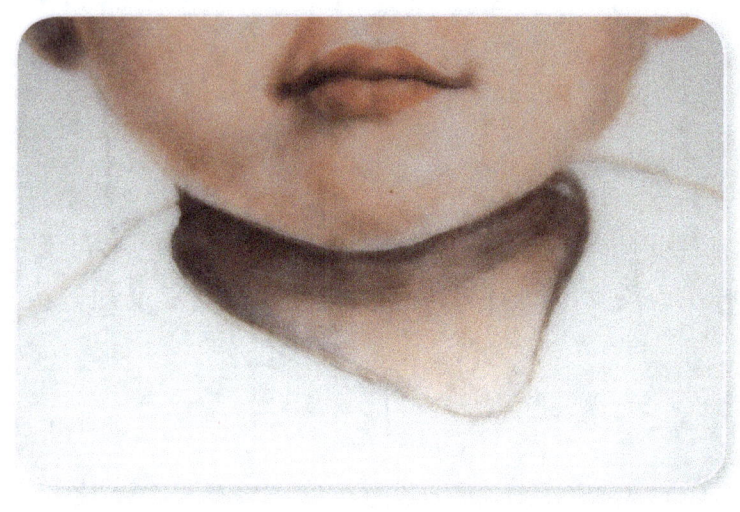

图15-1　颈脖的彩底

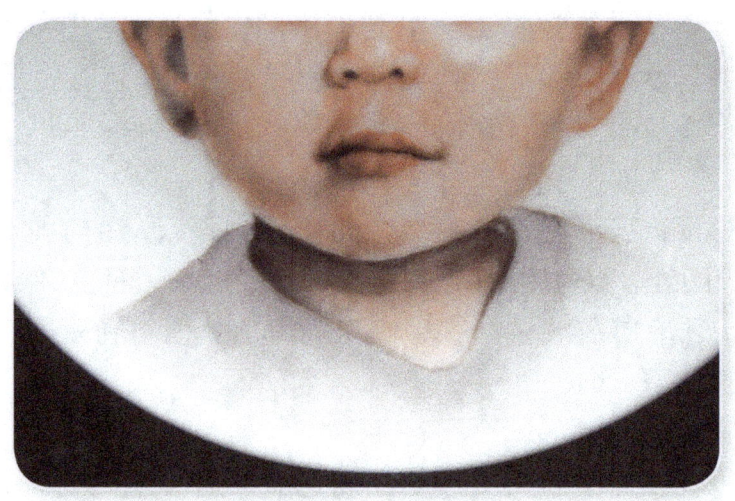

图15-2　服饰的着色

第十五讲 高级彩色肖像画的瓷绘案例《泮泮》肖像步骤三：颈部、服饰彩底

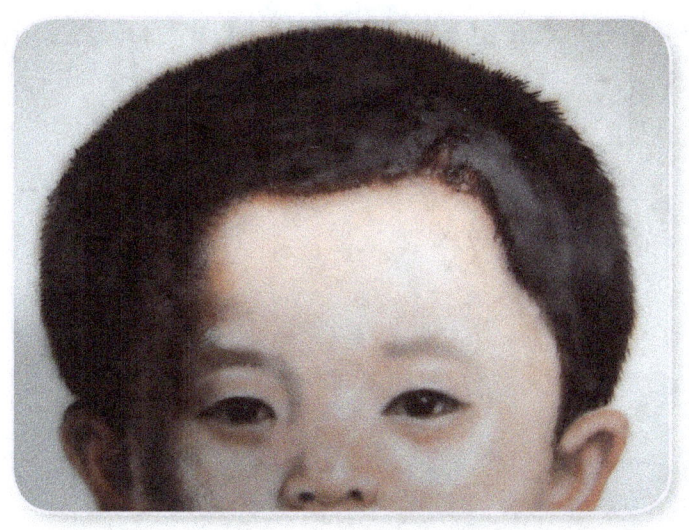

图 15-3　头发的着色

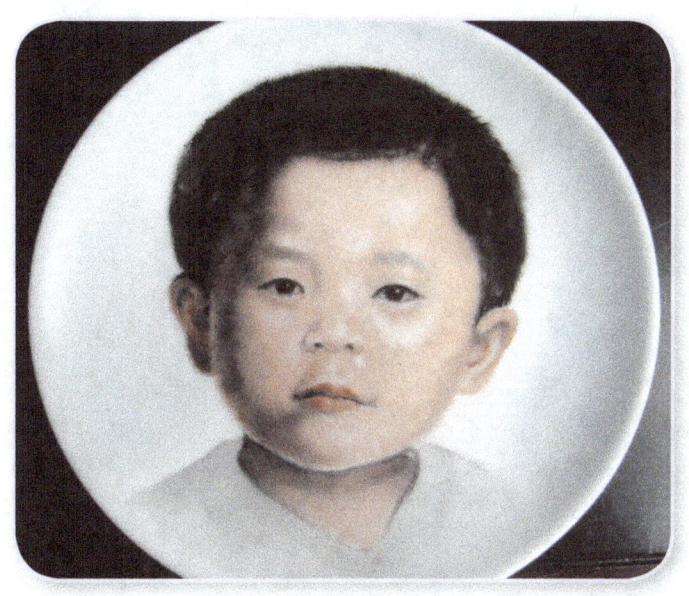

图 15-4　铺底色

（五）揩边

用棉絮蘸少许酒精（挤干后）用右手食指、大拇指捏住棉絮，并用右手食指抵住盆边，大拇指控制压住棉絮控制尺寸，左手旋

转瓷盆，使其顺时针旋转一圈，让其首尾相接，一圈整齐的白边就出来了。

至此，《泮泮》肖像画彩底程序全部完成。

练一练：耐心、细致地完成《泮泮》肖像全部彩底。

第十六讲　高级彩色肖像画的瓷绘案例 《泮泮》肖像步骤四：修像

一、画前准备

在进行本课程教学前先把第十五讲完成的《泮泮》肖像画——彩底画盆入炉焙烧好备用。

二、《泮泮》肖像画的修像

所谓修像是用素描的方法在脸部用深淡不同的西赤、赭色及艳黑根据肖像不同的明暗变化、根据脸部不同部位不同肌肉结构画出不同深淡的线条，使肖像画比原有的照片更立体、更饱满、更出彩，视觉效果更好。

（一）从高光部周围开始，用淡西赤色画素描的较密集线条

1. 以比白色稍深一点的淡西赤线条在脸颊的高光部周围，右边上眼睑、眉毛右上方高光部周围用斜线较密集地加以修饰。

2. 用同样的淡西赤色在脸颊上眼睑及鼻梁高光部周围用较密集的平行斜线条加以修饰。（图16-1）

3. 还是以同样的淡西赤色在两侧脸颊的下部人中右侧，以及下巴的右边修饰线条，特别提醒：在底色上修饰的淡线条必须让樟脑油与颜料完全调匀。切记。

4. 在与上述1所述相同的部位向外延伸，根据需要用稍深的

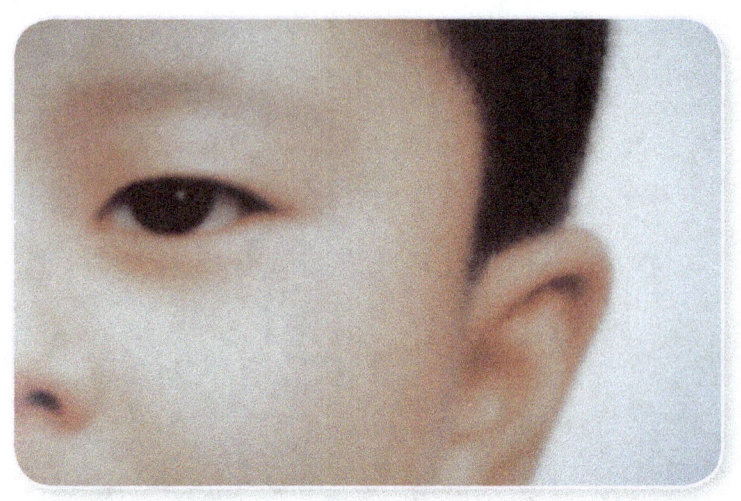

图 16-1　在脸颊右边眼睑高光部周围修像

西赤色与淡西赤色线条相交替修饰同样的线条,使其产生逐步加深、逐步过渡的效果。

5. 在与上述 2 所述部位淡西赤线条的外沿,用稍深的西赤色根据需要与淡西赤色线条相交替画出较密集的线条。

6. 在与上述 3 所述的同一部位用较深的西赤色根据需要与前已勾勒的淡西赤色线条交替画出较密集的线条,以达到逐步加深、逐步过渡的视觉效果。(图 16-2)

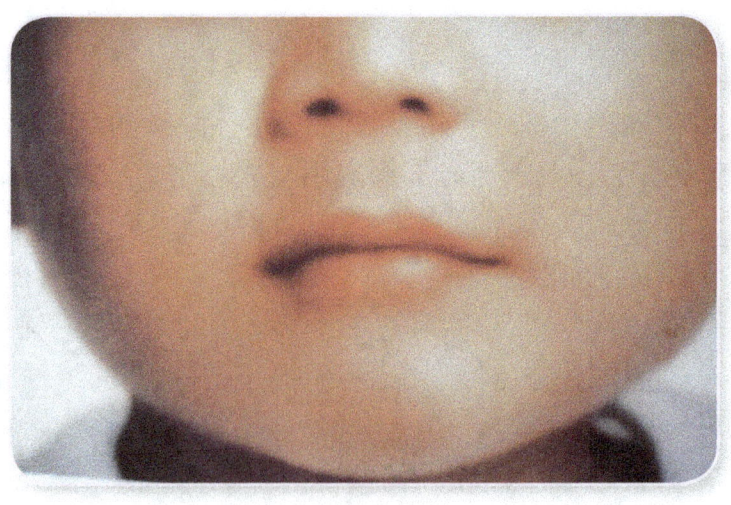

图 16-2　脸颊下部、人中右侧、下巴右边修像

（二）用赭色在脸部明暗过渡部位接着画出素描的较密集线条

1. 脸部的右边上半部脸颊、眼睑左侧、鼻窦下部及耳朵凹陷过渡处用较淡的赭色与较深的西赤色线条交替勾勒，产生逐步加深、逐步过渡的效果。

2. 脸部的左上半部、脸颊、鼻梁左侧、耳朵等部位在较深西赤色线条外交替加上赭色的素描线条，并在左侧最暗部用较淡的黑色再在赭色线条外加上交替的黑线条，在靠近轮廓部位，稍稍留出一些空隙（不要把线条画到边），以产生暗部的反光部位视觉效果。（图 16-3）

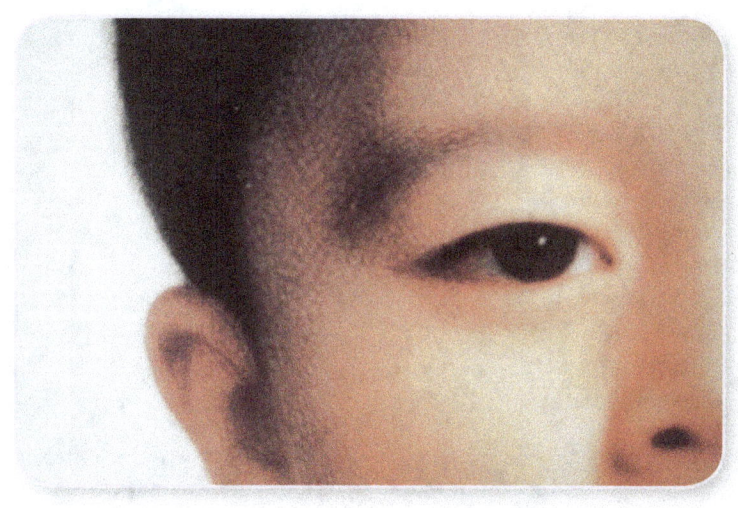

图 16-3　脸部左边用赭色交替修像

3. 脸部的下部在西赤线条外用赭色继续交替画出较淡的黑色线条。在鼻翼左下侧、上嘴唇的左下方以及脸部左侧、耳朵的暗部用较淡的黑色勾画出素描的交替线条。（图 16-4）

至此，《泮泮》的肖像画全部完成。烧制后的效果。（图 16-5）

| 瓷绘工艺——肖像画技法

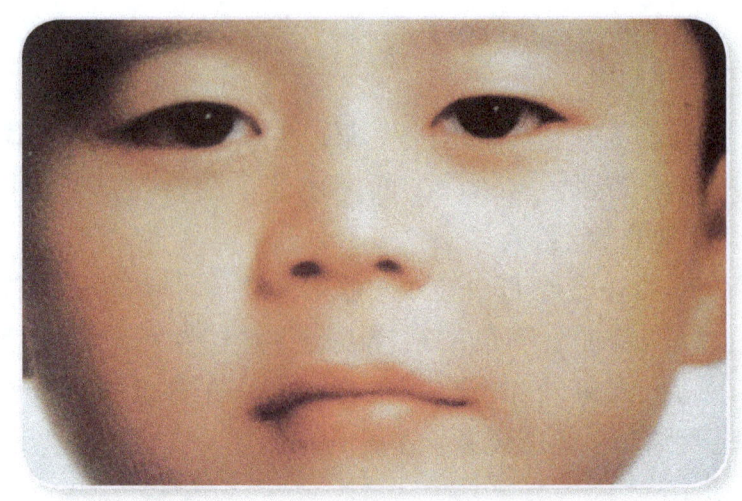

图 16-4　脸部下部逐步加深修像

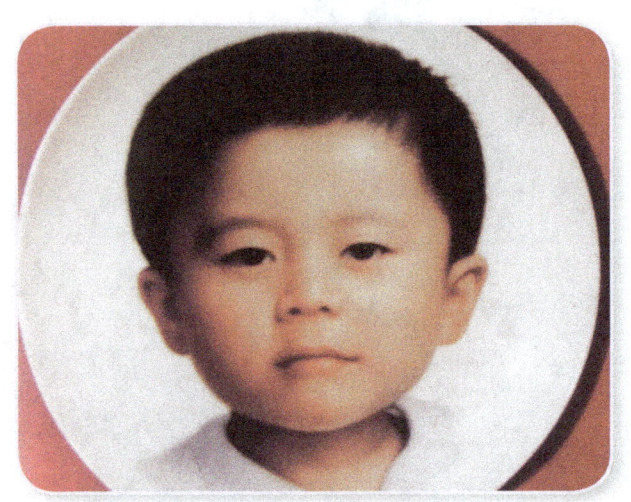

图 16-5　烧制完成

练一练：学会在彩好底的肖像上修像。

图 例

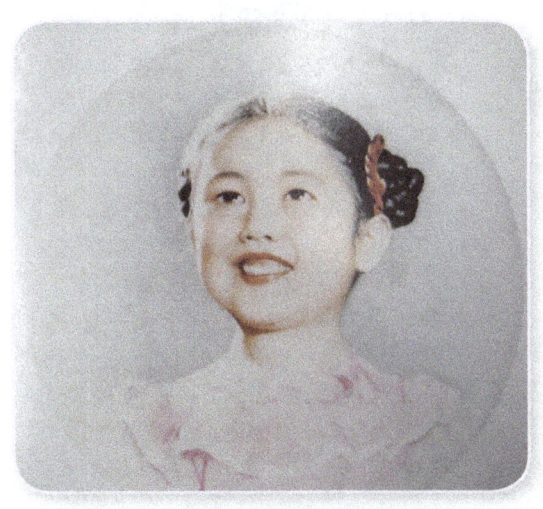

《女孩像》
作者 蒋振水

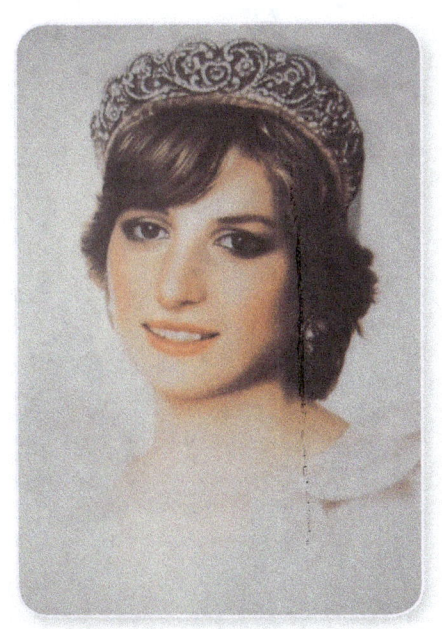

《戴安娜王妃像》
作者 冯 杰

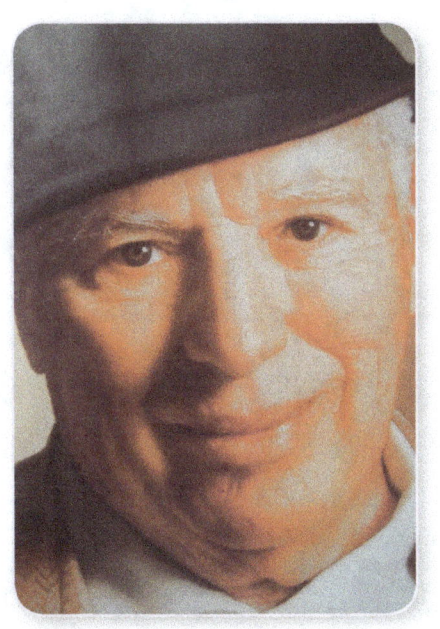

《卓别林像》
作者 冯 杰

瓷绘工艺——肖像画技法

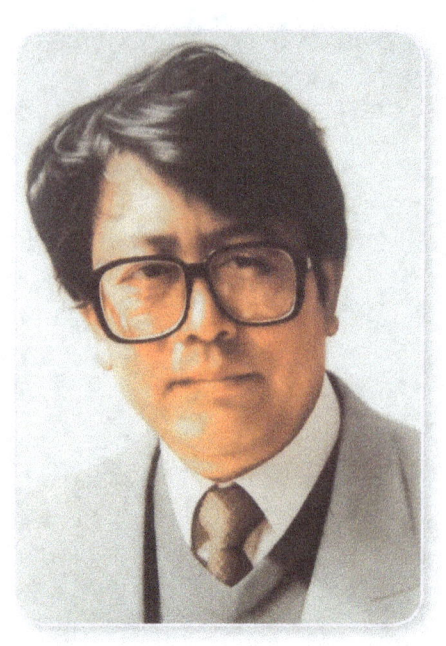

《自画像》
作者　冯　杰

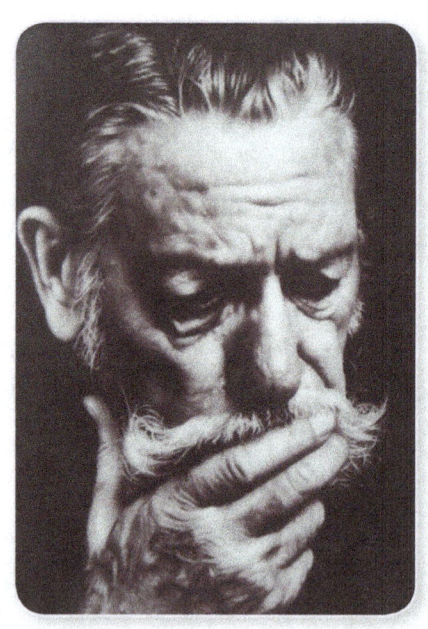

《沉思的老人》
作者　冯　杰

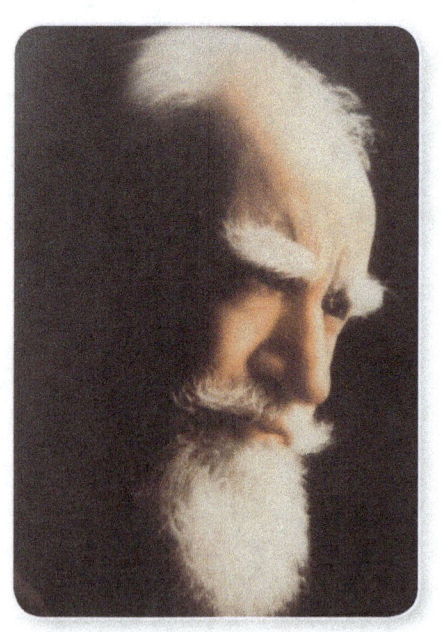

《大文豪萧伯纳像》
作者　冯　杰

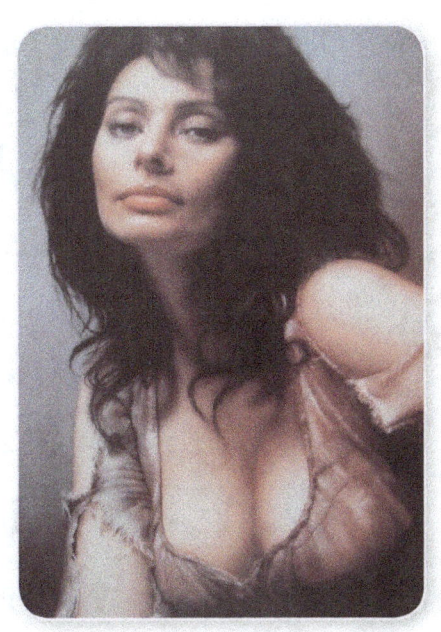

《索菲亚·罗兰》
作者　冯　杰

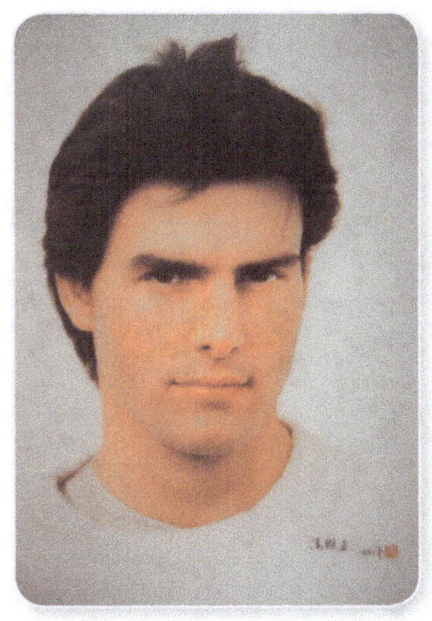

《美国影星汤姆·克鲁斯像》
作者　冯　杰

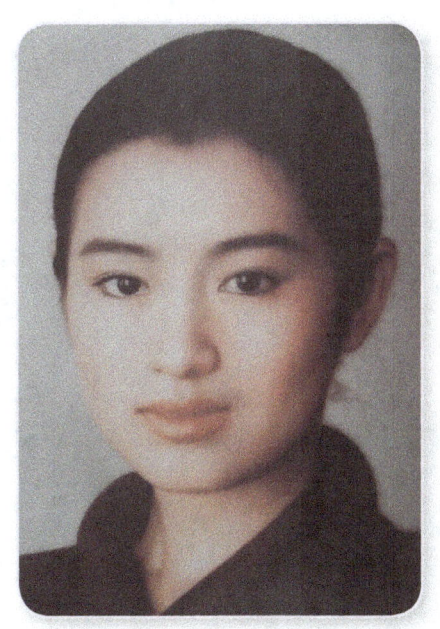

《影星巩俐像》
作者　冯　杰

瓷绘工艺——肖像画技法

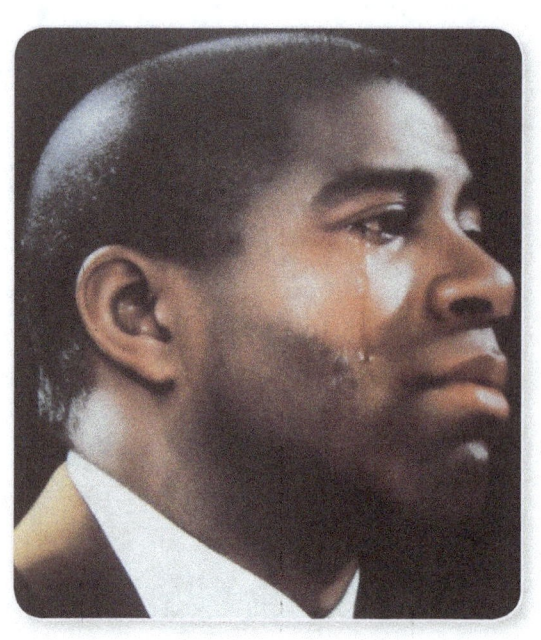

《美国篮球名将魔术师约翰逊像》
作者 冯 杰

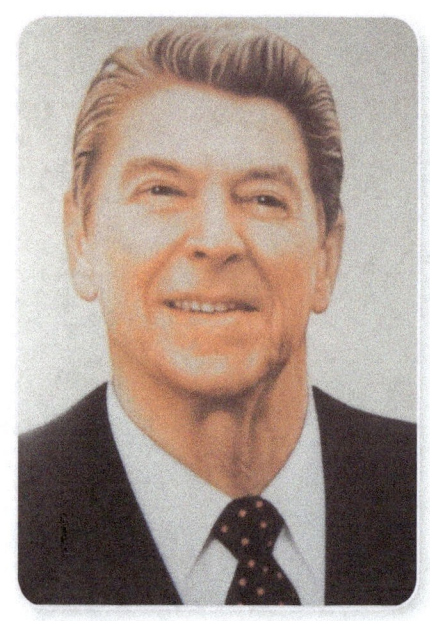

《美国前总统里根像》
作者 冯 杰

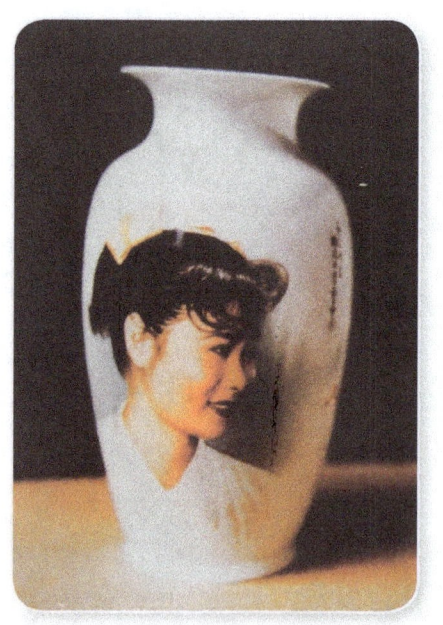

《少女像花瓶》
作者 杨厚兴

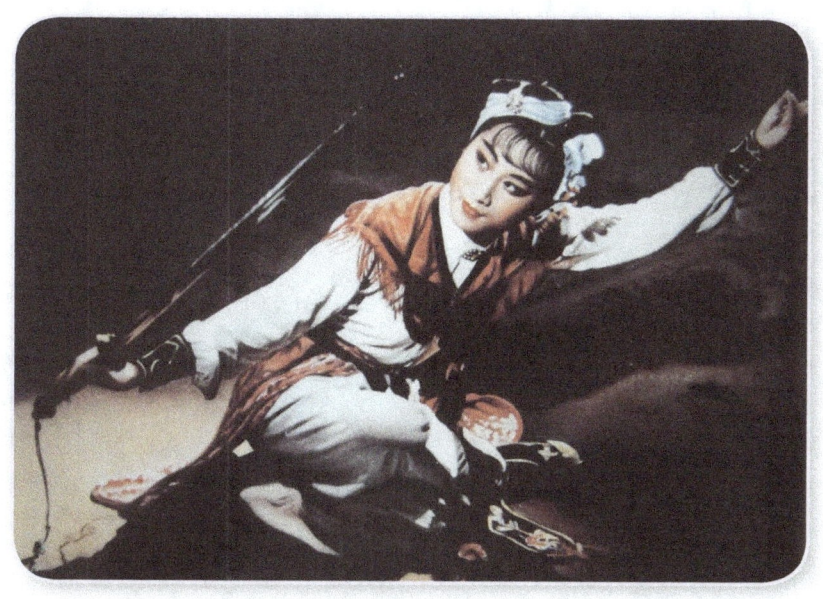

《剑舞》
作者　杨厚兴

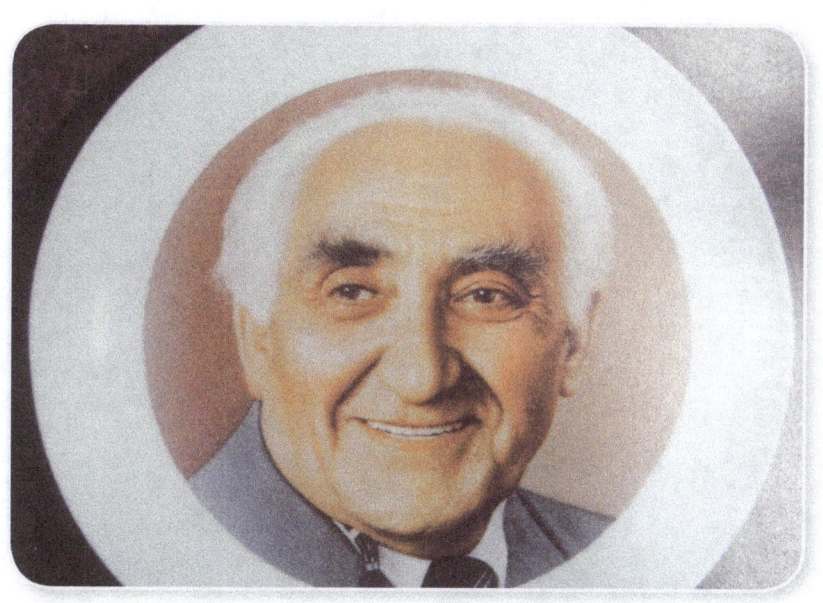

《马海德像》
作者　章文超

参考文献

《鲁迅杂文书信选》　　　　　　内部发行
《徐悲鸿素描》　　　　　　　　人民美术出版社
《瓷上肖像画技法》，冯杰编著　　江西美术出版社
《辞海》　　　　　　　　　　　上海辞书出版社

图书在版编目(CIP)数据

瓷绘工艺:肖像画技法/上海市老年教育普及教材编写委员会编. —上海:上海教育出版社,2015.7

ISBN 978-7-5444-6449-9

Ⅰ.①瓷… Ⅱ.①上… Ⅲ.①陶瓷—绘画技法—老年大学—教材 Ⅳ.①J527

中国版本图书馆CIP数据核字(2015)第159042号

瓷绘工艺
——肖像画技法

上海市老年教育普及教材编写委员会 编

出 版	上海世纪出版股份有限公司	
	上海教育出版社	
发 行	中国图书进出口上海公司	
版 次	2015年8月第1版	
书 号	ISBN 978-7-5444-6449-9/J·0434